Kinder verstehen, erziehen und stärken

Wie Sie Wutausbrüche und Trotzphasen von Ihrem Wunschkind souverän meistern

Alles über konsequente Erziehung, Rituale, Abnabelung und Entwicklungsphasen

Das Selbstvertrauen und Selbstbewusstsein Ihres Nachwuchses gezielt stärken

2. Auflage

ISBN-13: 9781086026603

Bonus

Auf der Seite:

www.thehonestguide.de

erhalten Sie unser kostenloses Download-Paket mit:

Checklisten

Übersicht - Grundregeln der Erziehung

Dokumentation - Meilensteine der Entwicklung

Inhaltsverzeichnis

Vorwort

Mein Name ist Claudia Weidner. Ich lebe mit meinem Mann Jonas und unserem Sohn Erik im wunderschönen Hamburg. Meinen Mann habe ich während des Studiums an der Journalistenschule in München kennengelernt. Danach habe ich eine Stelle bei einem großen deutschen Nachrichtenmagazin angetreten und dort meine Berufung gefunden.

Im Januar 2018 kam unser Sohn Erik zur Welt. Er hat unsere Welt total auf den Kopf gestellt. Die Zeit des Kinderwunsches, der Schwangerschaft, der Geburt und das erste Jahre mit dem Baby hat Jonas schon in seinem Buch "Vater werden für Anfänger" beschrieben. Bei diesem Buchprojekt habe ich ihn damals tatkräftig unterstützt.

Unser Erik ist jetzt schon ein Kleinkind und auch diese Lebensphase bietet viele interessante Facetten. Und so ist aus einem starken persönlichen Interesse an diesem Thema dieses Buch entstanden. Ihr werdet darin alles erfahren, was im Alter zwischen zwei und sechs Jahren wichtig ist. Dies ist die Phase im Leben eines Menschen, wo aus einem Baby ein Kleinkind, und später dann ein Vorschulkind wird.

Da ich nun einen größeren Beitrag leisten kann und es mir schon vorher riesen Spaß gemacht hat gemeinsam mit meinem Schatz an einem Buch zu arbeiten, haben wir uns entschieden ab jetzt alles zusammen zu veröffentlichen.

Das Buch richtet sich in erster Linie an alle Eltern, und ist auch ein tolles Geschenk. Die Altersgruppe der Zwei- bis Sechsjährigen wird ohne Schnörkel und Ausschweifungen besprochen. Wir haben versucht alle relevanten Informationen hinein zu packen, um für Sie alle offenen und relevanten Fragen zu klären. Es wurde viel Wert auf kurze, knackige Formulierung gelegt und das Ganze wurde ergänzt durch Infoboxen, Checklisten und einen ausführlichen Anhang mit der Möglichkeit zur Dokumentation aller relevanten Entwicklungsschritte von Eurem kleinen Sonnenschein.

Ich möchte meinem Mann danken, der all meine Fragen mit mir konstruktiv, offen und ausführlich diskutiert hat. Seine Sicht ist selbstverständlich mit in das Buch eingeflossen. Des Weiteren möchte ich auch unserer lieben Freundin Ulrike Kunze danken, die das Buch lektoriert hat.

Viel Spaß beim Lesen und Nachschlagen! Ich freue mich auf euer Feedback.

Hamburg, den 24.05 2019

Einleitung

Beim Heranwachsen Ihres Kindes durchlaufen Sie viele verschiedene Phasen und erleben Situationen, die Sie an den Rand Ihrer Kräfte bringen werden. Wenn aus Ihrem Baby ein Kleinkind wird, gibt es für Sie und den Nachwuchs große Veränderungen. Die Kleinen beginnen sich selbst zu entdecken, testen Grenzen aus und lernen neue Fähigkeiten und Fertigkeiten.

Es entwickeln sich Ängste, die vorher noch nicht da waren. Es kommt zu Trotzphasen und Wutausbrüchen, vielen Tränen, Geschrei und rotzfrechem Verhalten. Sie erleben viele, unterschiedliche Konfliktsituationen mit denen Sie und Ihr Kind umgehen müssen. Für die Erziehung Ihres Kindes gibt es kein Handbuch und keine Bedienungsanleitung, weil jedes Kind individuell und anders ist. Darum ist es so wichtig, dass Sie Ihr Kind verstehen. Heutige Kindererziehung hat nichts mehr mit den alt hergebrachten Erziehungsmethoden gemein. Vertrauen Sie auf Ihren Instinkt und Ihre Stärken, um Ihr Kind zu fördern, zu fordern und zu unterstützen.

In diesem Ratgeber erfahren Sie viele Dinge über die geistige Entwicklung von Kindern im Alter zwischen zwei und sechs Jahren, über die Entwicklung der Fähigkeiten und wie die Kleinen aus Erfahrungen lernen. Auch der Körper entwickelt sich und braucht Ihre Unterstützung beim „Großwerden".

Ein wichtiger Schritt ist die soziale Entwicklung, mit der Ihr Kind Rücksichtnahme und Fairness lernt. Fördern und fordern gelingt mit dem passenden Kindergartenkonzept. Es gibt verschiedene, die genau auf die Bedürfnisse Ihrer Kinder und an Ihre Wünsche angepasst sind. Erfahren Sie die jeweiligen Vorteile, um die richtige Entscheidung für Ihr Kind zu treffen.

Sie erhalten viele Anregungen und Tipps, wie Sie am besten in der Trotzphase und bei Wutausbrüchen mit Ihren Kindern umgehen. Für die Entwicklung einer starken Persönlichkeit gibt es für Sie eine Zusammenstellung von Sätzen, die Sie niemals gegenüber Ihrem Kind äußern sollten. Aber auch die Sätze, die Sie Ihrem Kind so oft wie möglich sagen sollten, werden Sie in diesem Ratgeber finden.

Ihr Kind ist ein kleines, zartes Wesen, das Sie mit der richtigen Erziehung formen werden und ihm damit das nötige Selbstvertrauen und Selbstbewusstsein mitgeben.

Wenn aus Babys eigenständige Kleinkinder werden

Die Zeiten sind vorbei, wo die Kleinen nur schlafen und essen. Sie haben mittlerweile einige Fähigkeiten entwickelt, die sie nutzen, um sich verständlich zu machen und sie erkunden auf allen Vieren das direkte Umfeld. Spätestens nach dem ersten, groß gefeierten Geburtstag wird es nicht nur für Ihre Kinder, sondern auch für Sie als Eltern spannend und aufregend, aber auch mitunter zermürbend.

Es stellt sich für Sie und Ihr Kind eine neue Zeitrechnung ein. Ist das erste Lebensjahr überstanden, wird aus einem Krabbelkind ein kleines laufendes und plapperndes Familienmitglied, das die neue Freiheit mit Bewegung und Kommunikation voll auskostet.

Die Anforderungen an Mama, Papa und Geschwisterkinder steigen mit jedem Tag, da Kleinkinder die Welt erobern wollen. Auf den kurzen, kleinen Beinchen sausen sie durch die Wohnung. In ihrem Umfeld ist nichts mehr sicher. Sie haben mittlerweile eine Größe, mit der sie an viele Dinge heran kommen, die vorher aus der Krabbelperspektive unerreichbar waren.

Vieles wollen die kleinen Mitmenschen alleine machen, um sich selbst und ihre Fähigkeiten auszuprobieren. Im Kinderwagen oder Buggy gefahren werden, ist nicht mehr cool. Denn die eigenen Beine tragen die Kleinen dahin, wo sie hinwollen und nicht dorthin, wo Mama und Papa hin möchten. Das Wort „Nein“ wird zum festen Bestandteil der Kommunikation, wenn Sie mit Ihrem Kind sprechen. Und trotzdem hören die Kleinen nicht darauf.

Die neue Entwicklungsphase Ihres Kindes ist ein besonderer Eckpunkt und bedeutet für Sie, neue Wege in der Erziehung einzuschlagen. Es beginnt die Phase, dass Sie Ihrem Nachwuchs Grenzen setzen müssen. Allerdings stellt sich die Frage, wie Sie diese am besten aufzeigen, damit die Kleinen diese auch verstehen und akzeptieren. Im Alter zwischen zwei und sechs Jahre erwarten Sie viele Überraschungen, die Sie nicht nur zum Staunen bringen, sondern auch maßlos ärgern werden.

Bedenken Sie aber immer, dass Ihr Kind von Tag zu Tag selbständiger wird und aus dem elterlichen Netz schlüpft. Unterstützen Sie es dabei, helfen Sie ihm, das Leben zu verstehen und zeigen Sie ihm, dass Sie immer für es da sind. Auch kleine Menschen haben schon Sorgen und Probleme, die sie meistern müssen. Für einen Erwachsenen sind diese oft schwer zu verstehen, weil die kindliche Denkweise und die daraus resultierenden Handlungen nur schwer nachvollziehbar sind. Die einfache Denkweise und das Verlangen nach Aufmerksamkeit kennen noch keine Grenzen.

Versuchen Sie das Verhalten Ihres Kindes zu verstehen. Damit öffnen Sie neue Türen und überstehen alle Herausforderungen, die Ihnen beim heranwachsenden Kind begegnen.

Die geistige Entwicklung zwischen dem zweiten und sechsten Lebensjahr

Nachdem die Kinder dem Säuglingsalter den Rücken gekehrt haben, entwickelt sich der Wille, viele Dinge selber zu machen. Die ersten Worte werden gesprochen, die Wohnung erkundet, mit Bauklötzen, Sand und Wasser gespielt. Die Entwicklungsschritte, die Ihr Kleinkind im zweiten Lebensjahr durchläuft, treiben Sie manchmal an den Rand des Wahnsinns. Denn neben neuen Erfahrungen sammeln und dem Üben von Selbständigkeit, stehen immer wiederkehrende Wutausbrüche auf dem Tagesplan. In solchen Situationen ist es wichtig, geduldig zu sein und Ruhe zu bewahren.

Während Ihr Kind zwischen dem zweiten und sechsten Lebensjahr unendlich viele Entwicklungsphasen durchläuft, verändert sich der Körper und auch das Gehirn. Verknüpfungen im Gehirn sind zu Beginn rein auf den Selbstzweck ausgelegt. Jede einzelne Gehirnzelle hat ungefähr 10.000 Vernetzungen gebildet. Sie sind für die ersten drei Lebensjahre wichtig, werden aber in der späteren Entwicklung regelmäßig korrigiert, da viele davon im normalen Alltag nicht mehr gebraucht werden und damit keinen Sinn mehr ergeben.

Diese Verbindungen dienen nicht primär der Erfassung der Umwelt beziehungsweise der Welt, um diese begreifen zu können. Das Netzwerk zwischen den einzelnen Nervenzellen im kindlichen Gehirn stellt sicher, dass das Kind lebensfähig ist. Dementsprechend dienen die Verbindungen zwischen den Neuronen nur dem Zweck zu überleben. In dieser Entwicklungsphase erfolgt nur eine grobe Unterscheidung von Größen, Geräuschen, Formen und Farben.

Ein Großteil der Verknüpfungen ist ab dem zweiten Lebensjahr nicht mehr zu gebrauchen und wird daher ständig verändert und korrigiert. Ein schönes Beispiel dafür ist der Teddybär, der klein, weich, kuschelig und braun ist. Bekommen die Kleinen den ersten Eisbär-Teddy geschenkt, beginnt das Korrigieren der Denkweise. Genau in dieser Phase entsteht das Bedürfnis, Verknüpfungen auch auf ihre Richtigkeit zu überprüfen, da sie nicht differenziert genug und viele davon falsch sind.

Übungen zur Stärkung der Auge-Hand-Koordination

Die Auge-Hand-Koordination ist die Fähigkeit, das Sehen mit den Bewegungen der Hände zu koordinieren. Diese Fähigkeit benötigen wir bei fast jeder Tätigkeit in unserem Alltag.

- **Die ersten Zahlen:** Zeichnen Sie große Zahlen (1-9) auf ein Blatt Papier, das Kind fährt mit dem Finger oder seinem Spielzeugauto entlang der Konturen
- **Ausschneiden:** Zeichnen Sie einfache Vorlagen auf ein Blatt Papier, Ihr Nachwuchs kann diese dann mit seiner Kinderschere ausschneiden
- Punkte verbinden
- Muster nachzeichnen
- Erste Schreibübungen
- Spiegelbilder nachzeichnen

Vorlagen zum Ausdrucken für diese Übungen finden Sie hier: https://www.kleineschule.com.de/feinmotorik.html

Sie haben bestimmt schon beobachtet, dass Ihr Kind im Alter von zwei Jahren immer wieder Sachen fallen lässt. Auch, wenn das für Sie nervig und unverständlich ist. Es gehört auch zum Überprüfen dazu und ist extrem wichtig. Sie erleben auch, dass Ihr kleiner Schatz z.B. vom Bügeleisen und dem Herd magisch angezogen wird. Diese Geräte sind aber sehr tückisch, weil einmal die Einstufung in gefährlich und ein anderes Mal in harmlos erfolgt. Dem Gehirn fällt es schwer, die mal heißen und mal kalten Gegenstände richtig einzuordnen. Darum werden immer wieder Signale ausgesendet diese zu überprüfen. Ihr Kind erforscht nun und kontrolliert, ob die bisherigen Annahmen falsch oder richtig sind.

Erst ab einem Alter von vier Jahren entwickelt Ihr Kind die sogenannten **Wenn-Dann-Verknüpfungen**. Zu diesem Zeitpunkt stellt sich eine rege Interaktion zwischen der linken und der rechten Gehirnhälfte ein, so dass Kinder sich in Rollen hineinversetzen können und ihre abweichenden Beweggründe und Gedanken von anderen Menschen auch erkennen können. Damit geht, in Bezug auf andere Menschen, ein stärkeres Gefühl für deren Bedürfnisse und das damit verbundene Verhalten einher. Daraus resultiert dann die Fähigkeit, die ihnen erlaubt, sich in andere Rollen hineinzuversetzen. Ein schönes Beispiel hierfür ist das beliebte Vater-Mutter-Kind-Spiel.

Die Denkweise Ihres Sprösslings verändert sich jetzt. Denn die Kleinen begreifen langsam das Prinzip von **Aktion und Reaktion**. Gab es bis vor kurzem nur das Wenn-Denken, geht das Gedankenspiel jetzt den nächsten Schritt und bezieht die Reaktion beziehungsweise das *„Dann"* mit ein.

Ein kleines Beispiel

Gab es bis vor kurzem nur die Denkweise: *„Wenn ich das Glas umwerfe, rollt es vom Tisch herunter."*, wird jetzt der Gedanke weiter verfolgt. *„Wenn ich das Glas umschubse, fällt es auf den Boden und geht kaputt. Mama wird schimpfen und böse mit mir sein!"*

Die Entwicklung der Wenn-Dann-Denkweise ist nicht nur für das Kind sehr wichtig, sondern sie hat auch eine große Bedeutung für Sie selbst. Denn durch die neue Fähigkeit haben Sie die Chance, früh auf die Empathiefähigkeit Ihres Kindes einzuwirken. Damit Ihnen das gelingt, empfehlen Experten die sogenannte **Induktionsmethode**. Sicher stellen Sie sich jetzt die Frage was das ist.

Einfach erklärt bedeutet es nichts anderes, als dass Sie auf negatives Verhalten übertrieben reagieren sollten. Ihr Kind hat sich beispielsweise angewöhnt Sie zu kneifen. Anstatt mit ihm zu schimpfen, machen Sie ein wirklich trauriges und betrübtes Gesicht, legen die Hand auf diese Stelle und sagen dabei: *„Aua, aua! Das tut so weh!"* Es wird nicht lange dauern und Ihr Kind setzt eine ähnlich traurige Miene auf und wird Sie vielleicht sogar trösten.

Aus einer solchen Situation heraus, begreifen die Kleinen, dass auch andere Menschen die gleichen schlechten Gefühle wie sie selbst haben und traurig sind, wenn ihnen z.B. wehgetan wird. So haben Sie Einfluss auf die Wenn-Dann-Verknüpfungen Ihres Kindes. Wichtig dabei ist, dass Sie genau darauf achten, dass sich keine verkehrten Schlussfolgerungen manifestieren. Schreit Ihr Kind beispielsweise, um sofort seinen Willen durchzusetzen und Sie gehen darauf ein, entstehen falsche Verknüpfungen, die später zum großen Problem werden können.

Der Grundstein, der einmal durch solche Verknüpfungen gelegt wurde, bleibt dauerhaft bestehen und gehört zum Fundament der Persönlichkeitsentwicklung Ihres Kindes. Späteres korrigieren ist fast nicht mehr möglich.

Der neue Umgang mit Ihrem Nachwuchs und die dazugehörige Erziehung sollten Ihrem Kind auf liebevolle Weise Grenzen aufzeigen und es unterstützen, die Welt zu entdecken. Klar definierte Regeln und Grenzen erfordern es konsequent zu bleiben, auch wenn es nicht immer der einfachste Weg ist.

Heranwachsen, begreifen und Fähigkeiten entwickeln

Vom Säugling bis zum Kleinkind durchläuft der kleine Erdenbürger nun eine Vielzahl von Entwicklungsschritten. Der erste Geburtstag liegt hinter Ihnen und der zweite Geburtstag steht vor der Tür. Ihr Kind steckt in der Anfangsphase, wo es seine eigene Individualität entdeckt und den Versuch startet, sich Ihrem Einfluss und Ihrer Kontrolle zu entziehen. Auf der anderen Seite wird ihm aber auch klar, dass es in vielen Dingen auch noch Ihre Hilfe benötigt. Die neu entdeckte Autonomie und der eigene Wille in Kombination mit Hilfsbedürftigkeit sind für die Kleinen inakzeptabel und sorgen für eine innere Zerrissenheit.

Es tauchen immer wieder Situationen auf, wo Ihr Kind bitterlich weint, extrem die Nähe zu Ihnen sucht und getröstet werden möchten. Auf der anderen Seite möchte es seine neu entdeckte Eigenständigkeit ausleben und alles ausprobieren, was ihm in den Sinn kommt. Die Kleinen beginnen erst langsam eine Balance zwischen Unabhängigkeit und Abhängigkeit herzustellen. Sie haben mittlerweile erkannt, dass sie eigenständige Persönlichkeiten sind. Dann gibt es dieses Gefühl von Sicherheit, wenn sie immer noch ein Teil von Ihnen bleiben.

Dieser Prozess des Verstehens und Abnabelns, selbständig zu werden und die erlangte Freiheit auszukosten macht den Kleinen noch sehr viel Angst, weil sie sich der Abhängigkeit von Ihnen allzu sehr bewusst sind. Sie lieben niemanden auf der Welt mehr als ihre Eltern und sind abhängig von der uneingeschränkten Liebe, die Sie Ihrem Kind entgegenbringen.

In Sachen Entwicklung stellen sich Abneigungen und Vorlieben ein, die bis zuletzt verteidigt werden, auch wenn damit Konflikte zwischen Ihnen und den Interessen Ihres Kindes entstehen. Die innere Uhr Ihres Kindes steht auf Unabhängigkeit. Und genau das kollidiert mit „geliebt werden" und „lieben".

Aus einem kleinen, braven Baby wird ein Kind, mit dem Sie sich auseinandersetzen müssen. Es treten immer wieder Situationen auf, in denen Sie mit dem Nachwuchs aneinander geraten und wo sich Verzweiflung bei Ihnen breit machen kann. Für die Entwicklung ist es essenziell, dass Sie loslassen. Kinder spüren bereits mit zwei Jahren, dass es ganz wichtig ist, heranzuwachsen und unabhängig zu werden. Geben Sie ihm den nötigen Freiraum, Liebe und Anerkennung, ohne das Gefühl von Abhängigkeit zu vermitteln.

In dieser Lebensphase brauchen Kinder Rückhalt. Geben Sie ihm Hilfe und Trost, zeigen Sie Verständnis, wenn es unvernünftig gehandelt hat oder einen **Wutausbruch** bekommt. Die Ausraster sind nicht böswillig, sondern vielmehr eine Reaktion darauf, dass die Kleinen die starken Gefühle noch nicht begreifen und diesen machtlos gegenüberstehen. Anstelle zu schimpfen, sollten Sie es liebevoll unterstützen.

Geben Sie Ihrem Kind genug Freiheiten, wo es selbst entscheiden darf. Der Entwicklungsschritt beim Heranwachsen, Begreifen und Fähigkeiten ausbauen ist eine große Aufgabe, die das bisherige kurze Leben deutlich verändert und eine Neuorientierung herbeiführt. Wenn wir als Erwachsene vor großen Herausforderungen stehen, fällt es uns auch schwer, die richtigen Entscheidungen zu treffen. Wir haben allerdings einen ganz anderen Background, den die Kleinkinder erst noch erlangen müssen.

Diese Entwicklung funktioniert nicht über Nacht und braucht Geduld. Geben Sie Ihrem Kind Zeit und Freiräume für die eigene Entdeckungsreise. Wählen Sie einen guten Mittelweg, der den Kleinen die Möglichkeit bereitstellt, auf eigene Faust neue Dinge auszuprobieren und ihnen gleichzeitig das Gefühl gibt, dass Sie aufpassen und beschützend über sie wachen. So können sich die Kleinen ausprobieren und bei einem Misslingen können Sie die Situation abfedern.

Der Mittelweg besteht aus einem festen, gepolsterten Rahmen, der aus dem Verhalten und getroffenen Abmachungen besteht. In diesem Bereich kann Ihr Kind seine stetig zunehmende Unabhängigkeit austesten, ohne im übertragenen Sinne blaue Flecken und Blessuren davon zu tragen.

Seien Sie sich immer darüber bewusst, dass es immer augenscheinliche Anzeichen dafür gibt, wenn Sie Ihrem Kind schon zu viel zutrauen. Auch wenn es schon läuft, spricht und wie ein dreijähriges Kind spielt, fehlt es ihm mit zwei Jahren immer noch das innere Verständnis und die nötigen Erfahrungen.

Passen Sie die Rahmenbedingungen dem Alter und der Entwicklung an. Kinder müssen Erfahrungen machen, da sie der Grundstein für ihre Persönlichkeitsentwicklung sind. Geben Sie ihm Hilfestellungen, damit sie dazulernen können. Achten Sie darauf, dass die neuen Erfahrungen bewältigt werden können.

Kinder aus eigenen Erfahrungen lernen lassen

Bereits im Kleinkindalter merken sich die Kleinen schon einige Dinge. Es erkennt beispielsweise Mama, Papa, Oma, Opa, bestimmte Orte, Gerüche und spezielle Musik. Doch komplexe Zusammenhänge verstehen sie noch nicht so gut. In dem Moment, wo Ihr Kind entdeckt, dass es eine eigenständige Persönlichkeit ist, erfolgt eine neue Aufgabenverteilung. Kinder mit zwei Jahren spielen, laufen und versuchen eigenständig Dinge zu machen. Sie probieren sich aus, holen sich Beulen oder verbrennen sich die kleinen Finger am Backofen.

Genau solchen Situationen und viele andere sind Grundlage für den Lernprozess. Ihr Kind lernt durch die Erfahrung Schritt für Schritt dazu. Wenn es beispielsweise das zweite oder dritte Mal über die doofe Stufe gestolpert oder beim Aufstehen den Kopf am Tisch stößt, wird diese Erfahrung im Gedächtnis bleiben.

Körperliche Entwicklung zwischen dem zweiten und sechsten Lebensjahr

Aus Ihrem süßen Wonneproppen hat sich ein kleines Menschenkind entwickelt, das laufen, klettern, springen und hüpfen kann. Es spricht und versteht ständig neue Wörter, besitzt Vorstellungsvermögen und Kreativität, die es in allen möglichen Situationen einsetzt.

Im Alter von zwei bis drei Jahren erlebt Ihr Kind, das es viele Arten von Bewegung gibt, die es selbst auch nutzen kann. Es kann auf den Zehenspitzen stehen und laufen, auf einem Bein stehen und das Gleichgewicht halten sowie auf eine kleine Leiter klettern. Es werden problemlos Türen geöffnet, eine Treppe hinaufgestiegen und z.B. die Deckel von Dosen geöffnet. Selbst das An- und Ausziehen gelingt deutlich besser.

Die Entwicklung der Motorik in den ersten Lebensjahren ist wichtig für die Zukunft Ihres Kindes. Besonders wichtig ist dabei die Beweglichkeit, der richtige Einsatz von Armen und Beinen, das Gleichgewicht halten zu können, die Schwerkraft zu verstehen, das Erforschen, Austesten und Erfassen der Umgebung. Die kindliche Motorik ist der Schlüssel für die körperliche und geistige Entwicklung.

Damit sich der Organismus, die Sinne und die Muskulatur optimal ausbilden, brauchen die Kleinkinder Impulse, die durch Bewegung bereitgestellt werden.

Die motorische Entwicklung ist wichtig

- Die Beweglichkeit und die Gewandtheit des ganzen Körpers
- Die Feinmotorik und Geschicklichkeit
- Den Gleichgewichtssinn
- Schnelligkeit und Sprungkraft
- Die Koordinationsfähigkeit und die Genauigkeit der Bewegungen
- Das Reaktionsvermögen

An der Entwicklung Ihres Kindes sind Sie maßgeblich beteiligt. Dementsprechend ist es wichtig, dass Sie die Sinne schulen und die motorischen Fähigkeiten fördern. Das gelingt Ihnen, indem Sie Reize schaffen, die die Wahrnehmung der Kinder unterstützen. **Spielen Sie mit den Kleinen** und animieren Sie sie dazu, der Kreativität freien Lauf zu lassen.

6 TIPPS: So unterstützen Sie Ihr Kind beim Laufen lernen

- Bewegungsfreiheit schaffen
- Motivation durch Lob und Anerkennung
- Barfuß - Kinderschuhe erst tragen, wenn Ihr Kind richtig laufen kann
- Nicht überfordern - Die zugemutete Strecke sollte zu den Fähigkeiten Ihres Kindes passen
- Lauflernhilfen vermeiden, da diese die Entwicklung der Muskulatur hemmen
- Stürze sind normal, so lernt Ihr Kind wieder aufzustehen

Eine tragende Rolle bei der altersgerechten Entwicklung der Motorik spielen die unterschiedlichen Sinne. Gerade zu Anfang ist es der Gleichgewichts-, der Tast- und der **Tiefenwahrnehmungssinn**, von denen die Informationen an das Gehirn geschickt werden. Diese werden dort verarbeitet und in Bewegungen umgewandelt. Allerdings müssen die Kleinen diesen Vorgang erst einmal erlernen. Dazu gehört beispielsweise das Laufen. Zuerst sind die Kleinen noch sehr wackelig unterwegs, bis sie nach und nach den motorischen Ablauf erlernt haben und diesen unbewusst ganz automatisch durchführen.

Der Tiefenwahrnehmungssinn

Die Tiefenwahrnehmung (Propriozeptive Wahrnehmung) versetzt uns in die Lage, jederzeit zu wissen, in welcher Position sich jeder Teil unseres Körpers befindet. Es wird damit die **Figurgrundwahrnehmung** trainiert (einzelne Körperteile spüren).

Im Zusammenspiel mit Informationen aus allen übrigen Quellen hat sie auch Einfluss auf Körperbewegungen und auf direkte Anpassungen durch die feinmotorische Koordination.

(www.ganzheitliche-foerderung.com)

Neben der Entwicklung der motorischen Fähigkeiten verändert sich auch der Körper. Das süße, pummelige Baby verliert Babyspeck und erhält einen feingliedrigen Körperbau. Es entsteht langsam ein ausgewogenes Verhältnis zwischen Kopf und Körper. Im Gegensatz zum Babyalter verändert sich der Kopfumfang nur noch um wenige Zentimeter. Da die Arme und Beine schnell wachsen, gleichen sich die Körperproportionen an. Der Körperschwerpunkt verschiebt sich nach unten, sodass es leichter fällt, das Gleichgewicht halten.

Hat Ihr Kind das **vierte Lebensjahr** erreicht, startet die anlagenbedingte Entwicklung in Bezug auf den Körperbau und die Konstitution. Dazu gehören:

- Körperkraft
- Gesundheit

- Belastbarkeit
- Temperament

Es entstehen kräftigere Knochen und die Muskulatur wird stärker, wenn genügend Gelegenheit geboten wird, altersgemäß herumzutoben, sich zu bewegen und auszupowern.

In der körperlichen Entwicklung gibt es im **fünften Lebensjahr** einen gewaltigen Sprung. Bewegung, Sprache und Verhalten wandeln sich. Das Kleinkindhafte verschwindet völlig. Nachdem aller Babyspeck verschwunden ist, zeigen sich ausgeprägte Gesichtszüge, die schon richtig erwachsen wirken. Bald gibt es dann die ersten Zahnlücken, die dem Äußeren Ihres Kindes das Aussehen eines Schulkindes verleihen.

Auch die körperliche Belastbarkeit nimmt zu. Lunge und Herz sind gewachsen, sodass beide Organe eine höhere Leistungsfähigkeit haben. Dies ist wichtig für ein gut funktionierendes Herz-Kreislaufsystem. Die Muskelkraft ist genau im richtigen Verhältnis auf den kleinen Körper abgestimmt und schon genauso wie bei Ihnen ausgeprägt. Mit viel Bewegung fördern Sie nicht nur die Gelenkigkeit. Die Muskeln wachsen durch die Belastung und gleichzeitig lernen die Kleinen ihren Körper zu beherrschen.

Zu viel Bewegung gibt es für Kinder nicht. Vor einer Überforderung schützen sich die Kleinen instinktiv selbst und wehren sich sogar gegen eine Überbelastung. Durch den großen Bewegungsdrang, den Kinder eigentlich von Natur aus haben, werden sie sich viel draußen aufhalten, wo sie sich richtig austoben können. Gehen Sie mit Ihrem Kind spazieren und auf den Spielplatz. Dabei hat der Nachwuchs die Möglichkeit, motorische Fähigkeiten auszubauen und weitere Bewegungsabläufe, wie sich im Kreis drehen, klettern, hüpfen, balancieren, Laufrad, sowie Dreirad fahren und viele weitere Dinge zu lernen. Die ersten Schritte und Abläufe warten nur darauf, dass sie durch ständiges Üben perfektioniert werden.

INFO: Die Konstitutionstherapie

Mit Konstitutionsbehandlung bezeichnen zahlreiche alternativmedizinische Therapeuten eine Behandlung, die auf ungünstige Veranlagungen oder auf seit der Geburt bestehende Gesundheitsstörungen des Patienten einwirken soll. Die Konstitutionstherapie hat eine ganzheitliche, humoralpathologische Grundlage (Humoralpathologie: Lehre von den Körpersäften), sie soll den ganzen Menschen behandeln, nicht nur einzelne Organe.

(www.wikipedia.org)

Bei der Entwicklung vom Baby zum Kleinkind entfaltet sich auch das Zusammenspiel der **Sinnesorgane** und der verschiedenen Muskelgruppen. Ganz wichtig ist dabei die Auge-Hand-Koordination. Mit ständigem Wiederholen und Variieren, Geduld und wachsende Konzentration übt Ihr Kind spielerisch die Koordination. Die Kleinen werden immer geschickter und können immer mehr Dinge alleine durchführen. Sie trinken ohne Hilfe aus einem Becher und essen selbständig zunächst mit dem Löffel.

Eine Förderung der motorischen Fähigkeiten hört aber damit nicht auf. Denn beim Spielen und Beschäftigen gibt es immer wieder neues zu erlernen. Malen mit Buntstiften oder Kreide, basteln mit Papier und Kleber sind Aufgaben, wofür Geschicklichkeit gebraucht wird. Unterstützen können Sie diese und auch die Fingerfertigkeit beispielsweise indem Sie die Kinder Perlen auf eine Schnur auffädeln, oder die ersten Schreibversuche unternehmen lassen, wenn Ihr Kind schon etwas älter ist.

Sexualentwicklung: „Ich bin ein Junge! Ich bin ein Mädchen!"

Kinder im Alter von zwei Jahren begreifen langsam, dass sie Junge oder Mädchen sind. Bald werden die ersten Fragen nach den Unterschieden auftauchen. Es ist ganz normal, dass Kinder ihren Körper erkunden. Dazu gehört auch, dass sie die Geschlechtsorgane berühren.

Machen Sie Ihrem Kind klar, dass es Situationen und Orte gibt, an denen dies unangebracht ist. Verstehen wird Ihr Kind das in einem Alter von etwa **drei Jahren**. Die Sexualentwicklung erfolgt in unterschiedlichen Schritten.

Alter	**Sexualentwicklung**
2 Jahre	Ihr Kind beginnt mit dem Erforschen der eigenen Geschlechtsorgane und interessiert sich für die Genitalien der anderen. Allmählich versteht es, dass es dabei Unterschiede gibt.
2-3 Jahre	Der Nachwuchs stellt die ersten Fragen zu den Unterschieden zwischen Frau und Mann. Es erfolgt eine zunehmende Zuordnung von typisch männlichen und typisch weiblichen Verhaltensweisen und Aufgaben. Als Orientierung dafür dienen den Kindern die Beobachtungen im Alltag. Sie lernen die Begriffe für die Geschlechtsorgane kennen.
3 Jahre	In diesem Alter bekommen die geschlechtsspezifischen Unterschiede eine größere Bedeutung und die Geschlechterrollen verfestigen sich. Äußere

	Merkmale werden dazu verwendet, um eine Zuordnung in weiblich oder männlich vorzunehmen. Es entwickelt sich ein zunehmendes Interesse am eigenen und am Körper der anderen.
3-4 Jahre	Kinder sind neugierig und wollen wissen, wie Babys in Mamas Bauch wachsen und auf die Welt kommen.
5 Jahre	Die Sexualentwicklung erreicht eine neue Dimension. Die Kinder beginnen mit Rollenspielen, am beliebtesten ist dabei das Mutter-Vater-Kind-Spiel. Der Nachwuchs vergleicht sich mit anderen und stellt Unterschiede und Gemeinsamkeiten fest.
6 Jahre	Die Kinder konzentrieren sich stark auf sich selbst und entwickeln teilweise übertriebene Verhaltensweisen, manche schockieren die Erwachsenen mit sexualisierten Witzen und Sprüchen.

Auch wenn Ihnen die vielen Fragen manchmal peinlich erscheinen, ist es wichtig, dass Sie die Neugier befriedigen und die Sexualentwicklung unterstützen. Vermitteln Sie Ihrem Kind, dass Sie seine Fragen ernst nehmen und versuchen Sie die Dinge kindgerecht zu erklären. Indem Sie Scheide und Penis einen Namen geben, hat Ihr Kind die Möglichkeit, die Körperteile ohne **Schamgefühl** zu benennen.

INFO: Schamgefühl

Scham ist ein Gefühl der Verlegenheit oder der **Bloßstellung**, das durch Verletzung der Intimsphäre auftreten kann oder auf dem Bewusstsein beruh, durch unehrenhafte, unanständige oder erfolglose Handlungen sozialen Erwartungen oder Normen nicht entsprochen zu haben. Stolz wird als entgegengesetzter Pol zur Scham gesehen.

(www.wikipedia.org)

Ein ganz wichtiger Punkt bei der Sexualentwicklung ist die selbstbestimmte Entscheidung Ihres Kindes, wie viel und ob es überhaupt Kuscheln, Schmusen und Zärtlichkeit austauschen möchte. Genauso sollten Sie Ihr Kind darin unterstützen, wenn es sich gegen Liebkosungen von Oma, Oma, Tante und Onkel zur Wehr setzt. Damit weiß Ihr Kind, dass Sie es ernst nehmen, die Entscheidung respektieren und es selbst entscheiden darf. Sein Körper gehört ihm und das Kind alleine bestimmt darüber. Stärken Sie Ihren Nachwuchs dahingehend, dass er das Recht dazu hat, *„Ja"* oder *„Nein"* zu sagen. Damit stärken Sie das Selbstbewusstsein und geben ihm die innere Stärke, sich gegen ungewollte Berührungen zu wehren.

Begleiten und unterstützen beim „Großwerden“

Sie haben keinen Einfluss darauf, wie schnell sich Ihr Kind entwickelt. Das lässt sich auch nicht beschleunigen. Sie können die Kleinen lediglich fördern, begleiten und unterstützen. Beim Heranwachsen entwickeln sich neue Fähigkeiten und das Bedürfnis, viele neue Dinge auszuprobieren. Es kommt zu neuen Erfahrungen, die das Wissen, die Verhaltensweisen und die Fertigkeiten ausbauen. Ein Lerneffekt ist da gleich mit inbegriffen.

7 Apps speziell für Kleinkinder

- Tiere für Kleinkinder
- Itsy Bitsy Spider
- KiKANiNCHEN-App
- TIERE MEMO!
- MIXIMAL
- MarcoPolo Ocean
- Meine Bauarbeiter: Wimmelapp

Indem Sie Möglichkeiten und Anregungen für neues Wissen bereitstellen, unterstützen Sie Ihr Kind, so dass es neu erworbene Fähigkeiten weiter ausbauen kann und immer geschickter im Umgang mit diesen wird. Immer wieder neue Angebote und jede Menge Abwechslung sind dafür nicht notwendig. Ist Ihr Angebot auf Ihr Kind abgestimmt, braucht es keine weiteren Anreize, um glücklich und zufrieden zu sein.

10 Tipps und Hilfestellungen, um Ihr Kind beim Großwerden zu unterstützen

1. Überfordern Sie Ihr Kind nicht mit Dingen, für die es noch nicht bereit ist. Die Versuche werden kläglich scheitern.
2. Schauen Sie sich Ihre Erwartungen einmal genauer an und überlegen Sie, ob diese **wirklichkeitsnah** und kindgerecht sind. Kinder mit zwei Jahren spielen in diesem Alter noch nicht lange alleine. Hier gilt aber, dass Ausnahmen die Regel bestätigen. Das muss aber nicht auf Ihr Kind zutreffen.
3. Suchen Sie sich Anregungen, die auf die Interessen Ihres Kindes abgestimmt sind.
4. Wenn die Kleinen etwas von ganz alleine machen und selbst machen möchten, loben und bestärken Sie es. Ihr Kind freut sich, dass es etwas alleine geschafft hat und da sollten Sie sich ruhig mit freuen.
5. Räumen Sie Ihrem Kind die Möglichkeit ein, im täglichen Leben das eigene Können zu stärken und weiter auszubauen. Damit erlangt der Nachwuchs Selbstvertrauen sowie Selbstsicherheit und stärkt das Selbstwertgefühl.
6. Wenn etwas nicht sofort funktioniert, sprechen Sie Ihrem Kind Mut zu, es noch einmal zu versuchen. Vielleicht ge-

ben Sie ihm eine kleine Hilfestellung, wenn Sie glauben, dass das nötig ist.

7. Geben Sie nur Hilfestellungen, wenn Ihr Kind noch nicht herausbekommen hat, wie es richtig funktioniert.
8. Ihr Kind muss lernen, dass es auch **Rückschläge und Enttäuschung** gibt. Diese Gefühle sollten Sie bei Ihrem Kind nicht verhindern. Damit lernt Ihr Kind Niederlagen dafür zu nutzen, eine Sache so lange zu probieren, bis es endlich klappt. Das Überwinden von Hürden und das Erreichen des Ziels schenkt Ihrem Kind Selbstvertrauen und macht es stark.
9. Sagen Sie Ihrem Kind in klaren, verständlichen Worten, was Sie von Ihm möchten. Mit zu vielen Anweisungen sind die Kleinen schnell überfordert.
10. Lassen Sie Ihr Kind so oft wie möglich mit anderen Kindern spielen, um die Sozialkompetenz zu fördern. Laden Sie andere Kinder zu sich nach Hause ein, gehen Sie auf Spielplätze oder zu Spielnachmittagen. Kleinkindgruppen und Kindergarten sind auch eine tolle Möglichkeit, Kinder in viele Richtungen zu fördern und zu unterstützen.

Soziale Entwicklung – den Umgang miteinander lernen

Die soziale Bindung zu Mama und Papa, die nach der Geburt bereits vorhanden ist, ändert sich während der sozialen Entwicklung. Die bereits vorhandenen Fähigkeiten und Eigenheiten sind die Grundpfeiler für den Aufbau dieser Beziehung. Kinder durchleben unterschiedliche Entwicklungsphasen und sind mit einem Jahr bereits in der Lage, zu anderen Menschen Kontakt aufzunehmen. Fremden Menschen begegnen sie oftmals zurückhaltend.

Die Verbindung mit anderen Menschen beruht in den ersten beiden Lebensjahren auf den eigenen Interessen und ist ausschließlich auf das eigene Ich bezogen. Ab dem **dritten Lebensjahr** tritt langsam eine Veränderung ein, sodass aus dem Ich ein „Wir" wird. Bei den Kleinen ist das Interesse an den Menschen in ihrem Umfeld geweckt. Bestimmte Verhaltensweisen von Menschen werden beobachtet und es wird versucht, bestimmtes Handeln zu deuten. Kinder möchten in diesem Alter wissen, warum das andere Kind gerade weint oder warum der Erwachsene schimpft.

Die Kontaktaufnahme zu Menschen außerhalb der eigenen Familie nimmt immer mehr zu, auch wenn am Anfang noch Hilfestellungen nötig sind. Der Nachwuchs schließt erste Freundschaften zu anderen Kindern, die aber oftmals noch keinen langen Bestand haben. Die geistige Entwicklung hilft den Kleinen dabei, dass sie zum Ende des **vierten Lebensjahres** eine Vorstellung davon bekommen, dass Menschen in ihrem Umfeld anders denken, handeln und empfinden als sie selbst. Dieser erweiterte Horizont erlaubt ihnen, andere Menschen besser zu verstehen und sich in sie hineinzuversetzen. Aus der Ichbezogenheit entsteht das miteinander. Freundschaften, die jetzt geschlossen werden, können einige Monate oder sogar viele Jahre halten.

Besonders interessant sind andere Kinder für Ihren Nachwuchs. Gemeinsames Spielen mit anderen Kindern hat dabei einen tollen Lerneffekt. Die Kleinen erleben den Umgang mit anderen, lernen daraus und können die Regeln, die sie von den Großen kennen im kindlichen Umfeld ausprobieren. Darum ist das Spielen mit Gleichaltrigen so immens wichtig.

Zweijährige spielen allerdings noch nicht gemeinsam, sondern nebeneinanderher. Dabei wird der Spielgefährte genau beobachtet. Besonders spannend sind die Aktivitäten von anderen Kindern, wenn Sie mit Ihrem Kind auf dem Spielplatz sind. Aus den vielen verschiedenen Eindrücken suchen sie sich die interessantesten aus und versuchen diese Aktivitäten bei der eigenen Beschäftigung nachzuahmen.

Steht der **dritte Geburtstag** vor der Türe, kommt es zu folgender beeindruckender Entdeckung: *„Das bin ich!"* Zu diesem Zeitpunkt ist aber das in andere hineinversetzen noch nicht vorhanden. Im Vordergrund stehen daher immer noch die eigenen Wünsche und Bedürfnisse, da Kindern die Vorstellungskraft fehlt, dass der Spielgefährte darüber traurig ist, weil ihm gerade sein Förmchen weggenommen wurde.

In dieser Phase kommt es oft ganz plötzlich zu kleinen Rangeleien, Schlagen und Schubsen. In diesem Alter sind solche kleinen Auseinandersetzungen ganz normal. Kurze Zeit später wird sich dann wieder der Sandkasten geteilt, gemeinsam gespielt und alles ist vergessen.

Besucht Ihr Kind einen Kindergarten oder eine Kindertagesstätte, ist es eine ganze Zeit lang ohne Sie und muss sich gleichzeitig in eine noch fremde Gruppe integrieren. Es muss lernen, Regeln zu befolgen, eigene Wünsche zurückstecken, mit anderen zu teilen und zurechtkommen. Schlagen, Schubsen und Streiten führen nicht zum gemeinsamen Spielen. Zu Beginn halten die Kinder beharrlich an den eigenen Spielregeln fest. Da helfen auch keine Aufforderungen und Ermahnungen, die eigenen Spielregeln zugunsten des gemeinsamen Spielens zu ändern, damit z.B. auch jüngere Gruppenkinder mit einbezogen werden können. Erst, wenn die Kinder älter werden, gelingt das gemeinsame Spielen mit vielen Kindern.

Kinder im Alter von **fünf Jahren** lieben Rollenspiele. Sie schlüpfen in die Rolle einer Prinzessin, eines mutigen Ritters, einer bösen Hexe oder eines gefährlichen Räubers. Mit Rollenspielen entstehen neue Sichtweisen und andere Blickwinkel, sodass die Welt aus einer anderen Perspektive betrachtet werden kann. Als Feuerwehrmann, Polizist oder Pilot begibt sich der Nachwuchs in die Erwachsenenwelt und festigt dabei seine eigenen Wertvorstellungen, Verhaltensweisen und sein eigenes Können.

Rücksichtnahme und Fairness

Kinder lernen nicht nur aus dem gemeinsamen Spielen, sondern auch aus dem eigenen Verhalten. Dabei schulen sie den Umgang und das miteinander Zurechtkommen. Sie lernen ganz selbständig, dass bestimmte Handlungen bestimmte Konsequenzen nach sich ziehen, das befolgen von Regeln, austragen von Konflikten und soziales Verhalten, ohne das sich Erwachsene einmischen oder einen Vermittlungsversuch starten.

Die soziale Entwicklung geht schrittweise voran. Darum gibt es zu Anfang immer Situationen, in denen es zu kleinen Machtkämpfen und Auseinandersetzungen kommt.

7 Tipps für die Sozialisation Ihres Kindes

1. Fördern Sie den Umgang mit anderen Kindern, um die soziale Entwicklung zu fördern.
2. Bauen Sie früh **Kontakte** zu anderen Kindern auf, um Ihrem Kind den Einstieg zu erleichtern.
3. Für den Aufbau von sozialen Kontakten sind Spielplätze, Spielgruppen und ein Besuch bei Kindern in der Nachbarschaft ideal, wenn die Kleinen nicht in eine Kinderbetreuung oder noch nicht in den Kindergarten gehen.
4. Vermeiden Sie das Eingreifen bei kleinen Rangeleien und Streitigkeiten, die z.B. wegen einem Spielzeug entstehen. Im Alter von zwei Jahren kennt Ihr Kind nur seine eigenen Wünsche und Bedürfnisse. Die Wünsche der anderen Kinder versteht es noch nicht. Ein Schimpfen und Ermahnen Ihrerseits wird nicht zum gewünschten Erfolg führen.
5. Wird ein Eingreifen notwendig, müssen Sie unparteiisch bleiben und dürfen sich nicht in den Streit einbeziehen lassen. Schimpfen und Vorwürfe bewirken eher das Gegenteil. Nutzen Sie Ihre Position, um beide Seiten zu trösten und finden Sie eine einfache Lösung, indem Sie klären, was erlaubt und was nicht erlaubt ist.
6. Wenn Ihr Kind nicht mit anderen teilen möchte, sollten Sie ihm nicht zeigen, dass Sie das Verhalten missbilligen. Versuchen Sie klarzumachen, dass mit Spielzeug teilen gemeinsames Spielen verbunden ist und viel mehr Spaß bereitet. Treffen Sie mit Ihrem Kind die Vereinbarung, das Spielzeug für eine bestimmte Zeit abzugeben, um es da-

nach wiederzubekommen.

7. Wenn Ihr Kind Rücksicht nimmt und andere in sein Spielen einbezieht, hat es ein Lob verdient.

Bei der sozialen Entwicklung gibt es unter den Kindern immer wieder ein „Kräftemessen". Sie wollen beim Rangeln herausfinden wer der Stärkere ist. Wichtig sind dabei klare Regeln, wie beispielsweise:

- Wenn das andere Kind nicht mehr möchte, dann sofort mit dem Rangeln aufhören.
- Fair bleiben! Nicht alle gegen einen, sondern Junge gegen Junge und Mädchen gegen Mädchen!
- Rangeleien werden nur mit gleich großen und gleich starken Kindern austragen.

Kindergarten und Kindertagesstätten – Fördern und fordern

Bisher haben Sie die verschiedenen Entwicklungsschritte mit Ihrem Kind gemeinsam erlebt und durchlaufen. Viele Dinge, die die Kleinen bis zu einem Alter von drei Jahren können, haben Sie ihm beigebracht und es in den verschiedenen Entwicklungsphasen unterstützt.

Neben dem eigenen fördern und fordern des Nachwuchses brauchen sie ab einem gewissen Alter neue Herausforderungen außerhalb der Familie und dem engen Kreis von Freunden und Bekannten. Denn das weitere Leben zeigt sich in anderen Facetten, die in den behüteten Jahren zuhause oftmals fehlen.

Die kindliche Entwicklung erhält durch den Besuch eines Kindergartens oder einer Kindertagesstätte eine bis jetzt unbekannte Richtung, die Ihrem Kind viele Dinge für das weitere Leben mit auf den Weg geben wird.

INFO: Kindertagesstätte / Kindergarten

Eine KiTa (Kindertagesstätte) ist eine Einrichtung in der meistens eine Kinderkrippe für die Betreuung der unter 3-jährigen, und ein Kindergarten für die Betreuung der Kinder von 3-5 Jahren unter einem Dach vereint sind.

Sozialverhalten

Aus dem behüteten, eng begrenzten Familienumfeld lernt Ihr Kind neue Situationen kennen, auf die es sich jetzt einstellen muss. Das Kinderzimmer wird mit dem Gruppenraum im Kindergarten getauscht, wo meist noch 15 bis 20 weitere Kinder spielen.

Ihr Sprössling lernt, was **Integration in eine Gruppe** bedeutet, Konflikte, sowie Streitereien auszuhalten und zu lösen. Die Erzieherinnen und Erzieher halten sich vielfach aus den Konflikten heraus. Dabei erfolgt die Entwicklung des Gefühls für die Interaktion mit anderen Kindern. Sie ist eine wichtige Grundlage für das soziale Leben. Kindergärten oder Kindertagesstätten sind eine tolle Ergänzung zum bisher kennengelernten Leben in der Familie und sie stärken auch die interkulturelle und emotionale Entwicklung.

Entwicklung der Persönlichkeit

In der Regel haben Kinder eine festgelegte Rolle im Familiengefüge, wodurch gerade in den ersten Lebensjahren Sicherheit und ein Gefühl von Stabilität gewährleistet wird. Für Ihren Sprössling ist es aber genauso wichtig, dass er seinen Platz und verschiedene Rollen in anderen Verbindungen und Strukturen findet.

Im Kindergarten steht ihm dafür ein geschütztes Umfeld zur Verfügung. Über den Zeitraum, in dem Ihr Kind den Kindergarten besucht, erfolgt eine Gewöhnung an fremde, neue Menschen und die Eingliederung in eine Gruppe. Dabei wird es sich integrieren und weiterentwickeln. Es schlüpft in verschiedene Rollen und lernt auch die Verantwortung für sein Handeln zu übernehmen. Dies wiederum stärkt dann sein Selbstvertrauen in die eigenen Fähigkeiten. Die Persönlichkeitsentwicklung wird mit dem Spielen unter Anleitung gefördert.

10 "schlechte" Verhaltensweisen Ihrer Kinder, die in Wirklichkeit gut sind

Kinder...

- Verlieren die Selbstkontrolle
- Akzeptieren keine unlogischen Schlüsse
- Zeigen ihre Gefühle ohne Hemmungen
- Wollen immer viel Aufmerksamkeit
- Wollen ständig in Bewegung sein
- Wollen keine Reizüberflutung
- Wollen eigene Entscheidungen treffen
- Werden ungeduldig und können nicht warten, wenn es um ihre Bedürfnisse geht
- Haben Stimmungsschwankungen in kürzester Zeit
- Wollen gar nicht perfekt sein

Miteinander und voneinander lernen

In Kindergärten und Kindertagesstätten sind die Gruppen vielfach altersgemischt. Dadurch entstehen unterschiedliche Bedürfnisse in Bezug auf die Fähigkeiten und Begabungen. Auch verschiedene Religionen, Kulturen und die unterschiedliche Herkunft können kennengelernt werden. Sie stellen tolle Impulse zum Lernen dar, erweitern das Wissen, die Fertigkeiten und die soziale Kompetenz von Ihren Kindern. Alle diese Dinge führen zu einem guten, positiven Gefühl beim Nachwuchs.

Die grundlegenden Fähigkeiten

Durch die pädagogische Betreuung im Kindergarten ist sichergestellt, dass wichtige Bereiche wie Sprache, Bewegung, Empathie, Emotionen, Denken, Koordination und Wahrnehmung auf spielerische Weise bei Ihrem Kind ausgebaut und weiterentwickelt werden.

Mit unterschiedlichen Impulsen, pädagogischen Materialien, Spielen und Bilderbüchern wirken die ausgebildeten Fachkräfte im Kindergarten auf das Spiel- und Lernverhalten ein. Es werden Exkursionen in den Wald, Tierpark oder zu einem nahe gelegenen Bauernhof unternommen. Eine solche qualifizierte Förderung ist eine wichtige Grundlage später für die Schule, es fördert die Konzentrationsfähigkeit und hat Einfluss auf das spätere Lernverhalten.

Defizite, Besonderheiten und spezielle Bedürfnisse

Oft fallen diese das erste Mal im Kindergarten auf. Die Erzieherinnen und Erzieher lernen in der Kindergartenzeit die Kleinen sehr gut kennen und haben die Möglichkeit, gezielt auf Stärken, Schwächen und Begabungen einzugehen. Wenn Ihr Kind professionelle Hilfe benötigt, kann diese dann auch frühzeitig schon genutzt werden, falls dies wirklich nötig ist. Damit wird Ihr Kind optimal für den bald anstehenden Start in den Schulalltag gerüstet ist.

Kindergartenwahl – Unterschiedliche Konzepte und Möglichkeiten

Die Entscheidung für den richtigen Kindergarten fällt nicht immer leicht, da es viele verschiedene Konzepte gibt. Bei der Wahl einer solchen Einrichtung geht es nicht nur um die Betreuung des Nachwuchses. Wichtig ist auch das Konzept, das der Kindergarten für das Vermitteln von Bildung, Fähigkeiten und Fertigkeiten verwendet. Die Kombination aus Lernen und Erziehung sollte zu Ihren persönlichen Vorstellungen und zur Persönlichkeit Ihres Kindes passen.

Um Ihnen einen Einblick in die verschiedenen Konzepte von Kindergärten zu geben, finden Sie nachfolgend die sieben bekanntesten, die Sie nicht nur in Großstädten, sondern auch in ländlicheren Regionen finden.

Die 7 bekanntesten Kindergarten-Konzepte

1. Montessori-Kinderhaus (http://www.montessori.de/)
2. Waldorf-Kindergarten (www.waldorfkindergarten.de)
3. Freinet-Kindergarten (http://www.freinet-kooperative.de)
4. Situationsansatz (www.situationsansatz.de)
5. Reggio-Kindergarten (http://www.dialogreggio.de)

6. Waldkindergarten
   (www.bvnw.de)
7. Bewegungskindergarten

Darüber hinaus gibt es aber auch Kindergärten, die mehrere Konzepte miteinander vereinen oder eine spezielle religiöse Prägung haben. Damit Ihnen die Wahl leichter fällt, erhalten Sie nun eine kleine Orientierungshilfe.

Montessori-Kinderhaus

Die Montessori-Pädagogik funktioniert nach dem folgenden Grundsatz: *„Hilf mir, damit ich es selber machen kann!"* Die Pädagogik von Maria Montessori setzt bei der Erziehung auf die Eigenkräfte der Kinder, die es zu entwickeln gilt. Grundlage dafür ist die Überzeugung, dass jedes Kind das beste Wissen darum hat, was es braucht und will. Dafür hat es einen eigenen Bauplan. Kinder beschäftigen sich frei nach ihren Wünschen, spontan und alleine.

Der Montessori-Ansatz sieht vor, dass die Kinder selbst entscheiden, womit und wie lange sie spielen. Mit diesem Konzept lernen sie selbständig zu denken, Entscheidungen zu treffen und eigenständig zu handeln. Es gibt spezielle Montessori-Materialien, die herausfordernd und unterstützend sind. Dabei werden unterschiedliche Ebenen von Bedürfnissen, Talenten und Begabungen angesprochen. Hierdurch werden die Kleinen zum Experimentieren und Bewegen angeregt.

Die Materialien setzen Reize im Bereich der Sprachförderung, Sinnesschulung und umfassen zudem auch mathematisches Material sowie Bewegungsspielzeug. Die Kinder sind die Hauptakteure. An ihren individuellen Interessen und Bedürfnissen orientiert sich der Lern- und Entwicklungsplan. Die Erzieherinnen und Erzieher sind

Helfer, die das Kind dabei unterstützen, ihren Interessen selber nachzugehen.

Waldorf-Kindergarten

Die Waldorf-Pädagogik nach Rudolf Steiner beruht auf der Nachahmung, die aus der natürlichen Neugier von Kindern entsteht. Sie ist die Basis für ihre gesamte Entwicklung. Erzieherinnen und Erzieher in diesem Konzept haben eine sehr starke Vorbildfunktion. Die Pädagogik nach Waldorf stützt sich auf die Sinne und das Handeln. Denken und Wissen steht an nachgeordneter Stelle.

Das Hauptanliegen beruht auf einer ganzheitlichen, individuellen Entwicklung und bezieht Körper, Geist und Seele mit ein. Es wird großen Wert auf die Förderung von Kreativität und musikalischer Erziehung gelegt. Ein Bestandteil des Waldorf-Konzepts ist Eurythmie, eine spezifische Bewegungskunst und bedeutet nichts anderes als „schöne Bewegung". Damit lernen Kinder Dinge auszudrücken, die sie nicht in Worte fassen können.

Im Waldorf-Kindergarten gibt es einen festen Tagesablauf, der sich in freies Spielen und konkrete Anregungen durch die Pädagogen strukturiert. Es gibt an einzelnen Tagen besondere Höhepunkte, wie beispielsweise ein tolles Frühstück. Bei der räumlichen Gestaltung spielen in Waldorf-Kindergärten die Jahreszeiten eine wichtige Rolle.

Zudem gibt es oftmals auch einen Bezug zu religiösen Festen, wie beispielsweise Ostern. Das Konzept sieht eine partnerschaftliche Zusammenarbeit mit den Eltern vor. Erwartet wird, dass die Erziehungsziele der Familie in einem hohen Maße mit denen des Kindergartens übereinstimmen.

Freinet-Kindergarten

Das Konzept von einem Freinet-Kindergarten ist im Ansatz auch stark auf die Bedürfnisse der Kinder ausgerichtet. Das Besondere der Pädagogik nach Célstin Freinet ist die Konzentration auf die Eigenregie der Kinder, die die Entwicklung vorantreibt.

Die Kinder werden aktiv in die Alltagsgestaltung einbezogen, was fester Bestandteil dieses Konzepts ist. Sie leiten z.B. eigenverantwortlich Werkstätten und Ateliers in den Kindergärten. Die Pädagogen bringen den Kindern ein fast grenzenloses Vertrauen entgegen und richten ihre Arbeit nur auf die Wünsche und Bedürfnisse der Kleinen aus. Ein Kind, das nicht am Tisch, sondern lieber am Boden essen möchte, darf das auch. Ziel der Freinet-Pädagogik ist selbstverantwortliches Handeln und eine freie Entfaltung der Persönlichkeit.

Situationsansatz

In den meisten Kindergärten kommt der Situationsansatz als pädagogisches Konzept zum Einsatz. Alltägliche Lebensbedingungen und soziales Lernen der Kinder stehen dabei im Mittelpunkt, unter Einbindung von sozialen und kulturellen Hintergründen. Der Kindergartenalltag ist darauf ausgelegt, was für Voraussetzungen von Zuhause mitgebracht werden, was die Kinder interessiert und beschäftigt.

Erzieher, Eltern und Kinder finden gemeinsam im Gespräch Themen heraus, die einen hohen Stellenwert im Leben der Kinder haben. Es gibt nur noch selten traditionell geplante Tagesabläufe wie montags spielen oder dienstags singen, um eine flexible Gestaltung zu ermöglichen. Kindern wird bei diesem Konzept auf Augenhöhe begegnet, sodass bei allen Entscheidungen ihre Stimme den gleichen Stellenwert hat, wie die Stimme einer Pädagogin. Dadurch entwickeln die Kleinen auf spielerische Weise ein Verantwortungsgefühl.

Es gibt auch keine stereotypische Rollenzuweisung, sodass auch Mädchen sich wie Jungen benehmen dürfen und nicht mädchenhaft sein müssen. Durch altersübergreifende Aktionen wie beispielsweise Ausflüge lernen die Kleinen auch von den Großen.

Reggio-Kindergarten

In der Reggio-Pädagogik steht Gemeinschaft und Kooperation im Vordergrund. Ein wichtiger Ansatzpunkt ist das aktive auseinandersetzen mit der eigenen Person und der Umwelt. Das Konzept verwendet kleine und größere Lern- und Handlungseinheiten. Sie orientieren sich an den täglichen Erfahrungen, die die Kinder machen.

Aus Gedanken und Beobachtungen entstehen konkrete Projekte. Ein wichtiger Bestandteil ist der Raum, in dem sich die Gruppe aufhält. Er ist wie eine italienische Stadt gestaltet und hat eine Piazza, einen zentralen Platz, wo sich getroffen wird. Von diesem Platz aus gelangen die Kinder in Werkstätten, Rückzugsräume, Denkecken und Bewegungsräume, um zu basteln, auszuruhen oder zu spielen. Die Räume sind so gestaltet, dass die Kinder kreative Ideen entwickeln können. Die Eltern sind ein fester Bestandteil des Kindergartens. Dafür werden für Kinder und Eltern gemeinsame Aktivitäten angeboten.

Waldkindergarten

Ein Waldkindergarten ist sehr naturbezogen. Bei Wind und Wetter sind die Kleinen mit Gummistiefeln, wetterfesten Kleidung und Rucksäcken ausgestattet im Wald unterwegs, lernen die Natur kennen und respektvoll mir ihr umzugehen.

Ein Bauwagen oder eine Hütte dienen als Unterschlupf, wenn das Wetter doch einmal zu schlecht ist. Es gibt kaum konventionelles Spielzeug, da der Wald genug Moos, Blätter, Bäume, Äste, Stöcke, Käfer und Matsch bietet, um ausgiebig zu lernen und zu spielen. Das Konzept von den Waldkindergärten ist dem der Regelkindergärten sehr ähnlich. Doch durch die Nähe zur Natur gestaltet sich der Kindergartenalltag etwas andersartig.

Bewegungskindergarten

In einem Bewegungskindergarten wird der mangelnden Bewegung von Kindern entgegengewirkt. Das Konzept beruht auf dem natürlichen Bewegungsdrang von Kindern, den sie in einem solchen Kindergarten ausleben können. Es gibt viele Möglichkeiten und Anreize, die nicht nur Denken, Fühlen und Wahrnehmen, sondern speziell körperliche Aktivität umfassen. Dafür gibt es Klettergerüste, Schaukeln, Seile, Taue, Sandsäcke, Bälle, Tücher, Ringe und Musikanlagen. Gefördert werden der Gleichgewichtssinn, die Koordination, die räumliche Orientierung und die Reaktionsfähigkeit.

Mit dem Wissen über die sieben unterschiedlichen Kindergarten-Konzepte fällt es Ihnen jetzt nicht mehr allzu schwer, den passenden Kindergarten für Ihren Nachwuchs zu finden. Schauen Sie, welche pädagogischen Ansätze Ihrem Kind entsprechen und Ihren persönlichen Erziehungsstil und Vorstellungen am nächsten kommen. Die speziell ausgelegte Förderung unterstützt Ihr Kind und fördert es in vielen wichtigen Bereichen.

Checkliste: Der passende Kindergarten

- Die Erzieherinnen und Erzieher wirken motiviert und interessiert
- Das Konzept der Einrichtung stimmt mit meinen eigenen Vorstellungen, bezüglich Betreuung und Förderung,

überein

- Die Bereitschaft zur Zusammenarbeit mit den Familien ist gegeben
- Die Leitung und die Erzieher und Erzieherinnen sind pädagogisch qualifiziert und haben eine gute Ausbildung
- Die Erzieher und Erzieherinnen erhalten regelmäßig Weiter- und Fortbildungen
- Die finanzielle Grundlage des Kindergartens ist gesichert
- In der Einrichtung gibt es mehrere, auch verschiedene Spielzonen
- Die Ausstattung ist insgesamt ansprechend und gut zugänglich
- Es bestehen genügend Möglichkeiten sich ausreichend zu bewegen
- Es gibt genügend Rückzugsmöglichkeiten für die Kinder
- Die sanitären Einrichtungen sind in einem guten Zustand
- Die Gruppen sind nicht zu groß
- Das Verhältnis von Kindern und Erziehern und Erzieherinnen ist an die jeweilige Altersgruppe angepasst
- Es wird Wert auf die Kontinuität in der Betreuung gelegt
- Die Verpflegung ist ausgewogen und kindgerecht

Weitere Möglichkeiten der Kinderbetreuung

Tagesmutter, diese betreut Ihr Kind in ihren eigenen Räumlichkeiten. Sie nimmt dabei häufig mehrere Kinder aus unterschiedlichen Familien auf und kümmert sich dann um diese.

Eine **Kinderfrau** macht das gleiche wie eine Tagesmutter, nur dass sie die Kinder bei Ihnen zu Hause betreut. Oft übernimmt sie auch noch weitere Tätigkeiten in Ihrem Haushalt.

Ein **Babysitter** hilft, wenn Sie einen dringenden Termin haben oder am Abend einmal ausgehen möchten. Einen guten Babysitter finden Sie oft ganz einfach in Ihrem Bekanntenkreis, aber auch spezielle Börsen im Internet oder in der Lokalzeitung helfen bei der Suche.

Ein **Au-Pair**-Mädchen (oder -Junge) kommt meist aus dem Ausland und lebt dann mit bei Ihnen in der Familie. Das Au-Pair passt im Gegenzug auf Ihr Kind auf und hilft auch im Haushalt mit als Gegenleistung für seinen Aufenthalt bei Ihnen. Der junge Gast lernt Ihre Sprache und im Idealfall auch Ihre Kultur kennen. Ein Au-Pair findet man am bequemsten über entsprechende Agenturen. Bei Plattformen im Internet hat man oft das Problem, dass es die dortigen Bewerber nicht richtig ernst meinen.

Checkliste: Wichtige Fragen an die Tagesmutter

- Was ist ihre Motivation Kinder zu betreuen?
- Was sind ihre Vorstellungen, Werte und Grundregeln in Bezug auf die kindliche Entwicklung und Erziehung?

- Wie interessiert ist die Tagesmutti, die Familie des Kindes kennenzulernen?
- Wie bildet sich die Tagesmutter regelmäßig weiter?
- Ist sie in einem Verein für Tagesmütter organisiert?
- Welche Ausbildung ist vorhanden und über welche Erfahrungen verfügt die Tagesmutter mit Kindern?
- Welche Tätigkeit wurde von der Tagesmutter früher ausgeübt?
- Hat die Tagesmutter eigene Kinder? Wenn ja, wie viele und wie alt sind diese?
- Übt die Tagesmutter noch weitere Tätigkeiten aus?
- Wie viele Kinder betreut die Tagesmutter insgesamt und wie alt sind die anderen Kinder?
- Wie viele Tage in der Woche und wie viele Stunden am Tag betreut sie Kinder?
- Wie werden die Kinder bei der Tagesmutter verpflegt?
- Welche Beschäftigungsmöglichkeiten, Spielsachen stehen den Kindern zur Verfügung?
- Haben die Kinder die Möglichkeit auch im Freien zu spielen?
- Wie groß sind die Räumlichkeiten bei der Tagesmutter?
- Sind die Küche und die Toilette in einem guten, sauberen Zustand?
- Bietet die nähere Umgebung die Möglichkeit zu Spaziergängen, oder interessanten Aktivitäten?

Erziehung von Kindern - Zwei Hände voll Tipps

Es gibt eine ganze Reihe veralteter, überholter Methoden, die sogar aus psychologischer Sicht umstritten sind, genauso wie modernere Varianten, die weder Sinn noch irgendeinen Nutzen haben und sich sogar kontraproduktiv auf die Entwicklung Ihres Kindes auswirken können. Erziehungsmethoden, die Sie gut bei einem Teenager anwenden können, wirken sich bei einem Kind zwischen zwei und sechs Jahren negativ aus. Dementsprechend müssen Sie die Erziehung an das Alter Ihres Kindes anpassen, damit es Ihre Maßnahmen auch verstehen, verinnerlichen und annehmen kann.

10 Werte, die Sie Ihren Kindern mitgeben müssen

1. Respekt
2. Wahrhaftigkeit
3. Fairness
4. Verantwortungsbewusstsein
5. Mitgefühl
6. Dankbarkeit
7. Freundschaft
8. Friedfertigkeit

9. Streben nach persönlicher Reife und Entwicklung
10. Die Fähigkeit, an etwas zu glauben

Mit Erziehung wollen Sie einen selbstständigen Menschen aus Ihrem Kind machen, ihm das Rüstzeug geben, um in der Gesellschaft erfolgreich da zustehen und nicht unangenehm aufzufallen. Schon die Kleinen haben einen eigenen Willen, den sie durchsetzen wollen. Wichtig ist, dass Sie genau in solchen Situationen richtig reagieren, um die Situation zu meistern.

Erziehung von Kindern stellt eine große Herausforderung dar, die Sie als Eltern mitunter an Ihre Grenzen bringt. Sie sollten immer bedenken, dass es keine klare Formel und kein Handbuch gibt, da die Kleinen immer individuell verschieden sind. Der Nachwuchs bringt seine eigene temperamentvolle Art in das Familienleben ein und braucht dementsprechend abgestimmte Lösungen, wenn es zu Problemen kommt. Auch ohne Formel und Handbuch gibt es einen grundlegenden Leitfaden, den Sie kennen sollten, damit nicht in die falschen Sachen Zeit und Energie verschwendet wird.

Sie finden nachfolgend verschiedene typische Situationen sowie kindliche Verhaltensweisen, mit denen Sie Ihr Kind immer wieder konfrontieren wird.

Das Kind hört nicht!

Ihr Kind hat etwas angestellt und Sie überschütten es mit einem nicht zu bremsenden Redeschwall, schimpfen und versuchen es zu maßregeln. Hochkochende Emotionen verleiten dazu, dass Sie sich ausgiebig über Verantwortung, Konsequenzen, Vertrauen, Enttäuschung und Strafe auslassen.

Seien Sie sich bewusst, dass Ihr Kind nach wenigen Sekunden nicht mehr zuhört, Sie nur noch mit großen Kulleraugen anschaut und die gesagten Worte gar nicht mehr aufnimmt. Kinder meinen das nicht böse und sind nicht respektlos. Die Strafpredigt macht den Nachwuchs taub für die Dinge, weil es keine Möglichkeit sieht, Ihnen aus seiner Sicht nachvollziehbar zu erklären, warum es sich so verhalten hat.

Gehen Sie lieber den Weg und fragen, wie es passieren konnte, dass es beispielsweise die Wand im Flur bemalt hat. Fragen Sie nach dem *„Warum?"*. Damit können Sie die Gedankengänge für das Tun Ihres Kindes nachvollziehen. Über die Antwort und die Kinderlogik werden Sie erstaunt sein.

Ein kleines Beispiel

„Warum hast du die Wand bemalt?"

„Mama, weißt du, ich wollte auf dem Blatt Papier ein Hochhaus malen. Weil dieses aber so hoch ist und so viele Etagen hat, passte es nicht auf das Papier. Da die Wand viel größer ist und Tapete aus Papier besteht, habe ich mit gedacht, dass ich das Hochhaus darauf viel besser malen kann. Außerdem hättest du das Bild ja sowieso an der Wand aufgehängt..."

Strafen

Vermeiden Sie es, Ihrem Kind mit Strafen zu drohen, die Sie doch nicht umsetzen, wenn es nicht hört. Besser ist sogar, wenn Sie überhaupt keine Drohungen aussprechen. Sie sorgen für einen unpassenden Verhandlungsspielraum und bewirken bei Nichtumsetzung, dass Sie Ihre Glaubwürdigkeit verlieren.

Sprechen Sie lieber mit Ihrem Kind und erklären Sie ihm, bzw. sagen Sie ihm deutlich, was Sie von ihm erwarten. Kommen die Kleinen Ihren Erwartungen nicht nach, muss die Strafe in direkter, für das Kind erkennbarer Verbindung zum Konflikt stehen. Daraus ergibt sich dann für das Verhalten eine logische Konsequenz.

Ein kleines Beispiel

Jeden Morgen haben Sie mit Ihrem Kind das gleiche Theater, weil es trödelt und sich nicht anziehen lassen will. Sagen Sie Ihrem Kind:

„Ich möchte, dass du dir jetzt den Schlafanzug ausziehen und Straßensachen anziehen lässt. Gleich beginnt der Kindergarten."

Trödelt der Nachwuchs noch weiter herum, bringen Sie ihn im Schlafanzug in den Kindergarten, ohne diese Aktion zu kommentieren. Nehmen Sie aber bitte trotzdem warme Anziehsachen in einer Tasche mit.

Wettstreit

Genauso wenig hilft Ihnen einen Wettstreit zwischen Geschwisterkindern zu fördern. Das kann sogar richtig böse nach hinten losgehen.

Wenn Sie beispielsweise ein Kind loben, weil es seine Aufgaben, wie z.B. das Kinderzimmer aufräumen, sich anziehen, bereits erledigt hat, wird es sich noch mehr bemühen und ist erpicht darauf dies später noch besser zu machen. Um Ihre Beachtung zu bekommen, greift das Geschwisterchen dann zu der einzigen Möglichkeit, die ihm aus seiner Sicht bleibt. Es verstärkt sein negatives Verhalten, damit eine gewisse Form von Stellung und Macht erhalten bleibt. Versuchen Sie lieber, dass sich die Geschwister als Team sehen, welches sich gegenseitig hilft, unterstützt und gemeinsam an einem Strang zieht. Dieses gelingt Ihnen, wenn beide Kinder so oft wie möglich eine Aufgabe bekommen. Die Kleinen merken schnell, dass es gemeinsam schneller geht, einfacher ist und sogar Spaß macht.

Mitleid

Kinder erleben immer wieder Situationen, wo sie geärgert oder verletzt werden. Die negativen Gefühle, die bei den Kleinen entstehen, sollten Sie zulassen. Überhäufen Sie es nicht mit übertriebenem Mitleid. Früher oder später führt das dazu, dass Kinder in Selbstmitleid verfallen, weil sie den Eindruck gewinnen, dass sie ein Recht auf Glück und immer glücklich sein haben.

Der richtige Weg ist, wenn Sie mitfühlen, das Kind aber nicht mit Mitleid überhäufen. Das gelingt Ihnen, indem Sie respektvoll mit dem schlechten Gefühl Ihres Kindes umgehen und es trösten, wenn es nötig ist.

Ein kleines Beispiel

Ihr Kind ist hingefallen, hat sich das Knie aufgeschlagen und weint bitterlich. Sagen Sie ihm, dass sowas wirklich schmerzhaft ist und Ihnen das früher auch öfters passiert ist, aber glücklicherweise immer schnell nicht mehr wehgetan hat. Fragen Sie, ob es ein Pflaster auf die Wunde haben möchte und belassen Sie es dann auch dabei.

Übertriebene Fürsorge

Auch wenn Kinder Sicherheit und Fürsorge brauchen, sollten Sie es damit nicht übertreiben, auch wenn Sie die Aufsichtspflicht und die Verantwortung haben. Übertriebene Fürsorge hat eine entmutigende Wirkung. Lassen Sie Ihr Kind ruhig los und erlauben Sie ihm, selbstständig zu werden.

Damit schaffen es die Kleinen, ohne Hilfe zu Recht zu kommen und sicherer zu werden. Ihr Kind braucht beispielsweise mit fünf Jahren keine Hilfestellung mehr, wenn es auf das Klettergerüst möchte. In diesem Moment stellen Sie seine Fähigkeiten infrage und schwächen damit das Selbstbewusstsein. Richtig ist, wenn Sie

Ihrem Kind vertrauen und ihm die Möglichkeit geben Sie von seinem Können zu überzeugen.

Werden Sie nicht zu den inzwischen berühmt, berüchtigten **Helikoptereltern**, denen jegliche Gelassenheit im Umgang mit dem Nachwuchs fehlt. Diese spähen beispielsweise in der Kita durch das Schlüsselloch, um zu sehen, ob die Kleinen auch ihr Dinkelmüsli bekommen. Oder ein Vater zieht vor Gericht, um seine Teilnahme an einem Ausflug einzuklagen.

Leistungsdruck

Vergleichen Sie Ihr Kind niemals mit anderen Kindern. Die Kleinen bestimmen ihr Lernpensum selbst. Auch, wenn das Nachbarskind mit vier Jahren bereits bis 20 zählen kann, vermeiden Sie es, ein striktes tägliches Training des Zählens einzuführen. Das können Sie machen, wenn Ihr Kind danach fragt.

Die Ausprägung der Fähigkeiten und Fertigkeiten sind bei jedem anders. Ihr Kind kann sicherlich Dinge, die das Nachbarskind noch nicht kann und hat einen eigenen Zeitplan, um neue Dinge zu lernen. Üben Sie sich also in Geduld und heben Sie lieber die Fähigkeiten, Fertigkeiten und Erfahrungen hervor, als das zu kritisieren was noch nicht so gut gelingt.

Im Gespräch mit anderen Eltern hören Sie immer wieder, was deren Sprösslinge schon alles können. Aus der Ferne hört Ihr Kind gespannt zu. Anstatt sich dafür zu schämen, dass Ihr Kind vielleicht noch nicht trocken ist oder noch nicht zählen kann, sollten Sie die positiven Dinge deutlich hervorheben.

Ein kleines Beispiel

„Unser Kleiner ist zwar noch nicht trocken. Ich finde es aber deutlich wichtiger, dass er sich im Kindergarten wohlfühlt und bereits

einen Freund gefunden hat, mit dem er jeden Tag spielt und sich gut versteht."

Übertriebene Aufmerksamkeit

Klar brauchen Kinder Aufmerksamkeit. Gibt es nicht genug davon, kommt es zu auffälligem Verhalten. Eine Überdosis hingegen führt dazu, dass Ihr Kind auf die eigene Person keine realistische Einschätzung vornehmen kann. Wenn die Zeit kommt, dass Ihr Kind in den Kindergarten geht, dann wird es dort schnell feststellen, dass ihm nicht mehr die gleiche Beachtung wie Zuhause geschenkt wird. Das führt dann letztendlich zu Schwierigkeiten und Problemen mit dem Umfeld in der Kita.

Zeigen Sie Ihrem Kind lieber, dass Rücksichtnahme wichtig ist. In einer Gruppe muss jeder einmal warten, bis er dran ist. Zeigen Sie ihm, dass jeder Mensch andere Wünsche und Bedürfnisse hat, die gleichwertig zu den eigenen sind.

Klassische Strafen

Diese kennen Sie wahrscheinlich noch aus Ihrer eigenen Kindheit. Sie haben etwas angestellt und bekommen dafür eine Woche Fernsehverbot, dürfen nicht nach draußen zum Spielen oder müssen ohne Abendbrot ins Bett gehen. Damit soll lediglich die elterliche Macht ausgedrückt werden.

Diese Strafen haben keinen Sinn stehen in keinem logischen Zusammenhang mit dem Vorkommnis und demütigen die Kleinen. Die Kinder assoziieren beispielsweise, wenn sie ohne Abendessen ins Bett gehen müssen, dies als ein Mittel für Bestrafung. Das kann dazu führen, dass der Nachwuchs, wenn er böse auf sich selbst oder andere ist, mit Fressattacken oder Verweigerung des Essens reagieren kann.

Wichtig

Essen dient der Ernährung, nichts anderes und das sollte auch so bleiben! Fernsehverbot, kein Computer, Tablet oder Smartphone als Bestrafung sorgt dafür, dass diese Dinge einen viel zu hohen Stellenwert erlangen. Das führt dazu, dass es immer wieder Streit geben wird. Genauso falsch ist **Stubenarrest**, da Ihr Kind glaubt, dass es die häuslichen Aufgaben wie z.B. den Müll rausbringen auch nicht machen muss und den ganzen Tag in aller Ruhe spielen kann.

Bedenken Sie auch, dass das Interagieren mit anderen Kindern wichtig ist und die Entwicklung fördert. Beschäftigen sich die Kleinen ausnahmslos in der virtuellen Welt, werden sie schnell zu Eigenbrötlern.

5 weitere sinnlose Strafen

- Es gibt nächste Woche kein Taschengeld!
- Geh in dein Zimmer und schäme dich!
- Du sagst jetzt 100 Mal „Ich soll keine Wiederworte geben!"
- Fußballtraining kannst du für die nächste Woche vergessen!
- Für die nächsten zwei Wochen gehst du nicht in den Reitstall!

Mit natürlicher **Konsequenz** erreichen Sie mehr als mit künstlichen Strafen. In der Kindererziehung dürfen Strafen ruhig unangenehm ausfallen, jedoch niemals für das Kind schädlich sein.

Ein kleines Beispiel

Folgende Situation ist nachvollziehbar und bewirkt einen Lerneffekt. Ihr Kind möchte bei Regenwetter ohne Regenhose und nur in Jeans draußen spielen. Am folgenden Tag ist die Hose noch nass und die anderen Hosen sind gerade in der Waschmaschine. Während die Freunde draußen im Sand spielen, muss Ihr Nachwuchs zu Hause bleiben. Bei Ihrem Kind stellt sich die Erkenntnis ein, dass es bei schlechtem Wetter doch besser die Regenhose anzieht.

Unangebrachtes Lob

Es gibt Unarten Ihres Kindes, die Sie selbst zu verantworten haben. Gemeint ist hiermit das Loben von unangebrachtem Verhalten, da dieses in keinster Weise zu einer Verhaltensänderung führt. Viel wichtiger ist, dass Ihr Kind die natürliche und logische Konsequenz auf sein Verhalten erfährt.

Ein kleines Beispiel

Sie kennen die Situationen, dass Ihr Kind über das Essen nörgelt und es nicht einmal anrührt. Anstatt auf die Nörgeleien einzugehen, räumen Sie nach dem Essen den Tisch einfach ohne große Diskussionen ab. Ihr Kind bleibt hungrig und möchte nach wenigen Minuten, dass Sie ihm ein Butterbrot machen. Indem Sie ihm dann nur das verschmähte Mittagessen und keine Alternative anbieten, erkennt Ihr Kind sein Fehlverhalten. Mit einer Alternative bestätigen Sie Ihr Kind nur und loben es.

Die Wenn-Dann-Falle

Sätze wie:

"Wenn du jetzt nicht mitkommst, dann gehe ich ohne dich nach Hause!"

"Wenn du nicht dein Zimmer aufräumst, dann werfe ich deine Spielsachen in den Müll!"

"Wenn du jetzt nicht aufhörst zu meckern, dann fahren wir nie wieder mit dir in den Urlaub!"

hat wohl jeder schon einmal verwendet. Zum einen, weil sie oft gut funktionieren. Und zum anderen, weil es meistens einfacher ist die eigene Machtposition gegenüber den Kindern mit Hilfe dieser Sätze auszuspielen.

Ihre Kinder werden zwar die gewünschten Handlungen ausführen, aber das "Warum?" wird ihnen trotzdem verborgen bleiben. Es wird eine Angst in den kleinen Menschen erzeugt, die keinen Erkenntnisgewinn mit sich bringt. Die angedrohten Konsequenzen gibt es meistens nicht. Dies führt dann dazu, dass Ihre Kinder die ausgesprochenen Drohungen in Zukunft nicht mehr ernst nehmen, die Eltern als Lügner sehen und gar nicht mehr auf ihre Drohungen reagieren. Was Sie als Eltern wiederum dazu verleitet immer stärkere Drohungen auszusprechen, Sie sitzen dann nicht nur sprichwörtlich in einer Falle.

Punkte die Ihnen helfen die Wenn-Dann-Falle zu vermeiden

- Lösen Sie einfach das Problem, ohne Drama
- Bieten Sie Ihrem Kind immer Hilfe an
- Nachgeben ist keine Schwäche, auch Ihr Kind kann sich einmal durchsetzen
- Versuchen Sie einen Kompromiss zu finden
- Sagen Sie klar was Sie erwarten
- Bleiben Sie stets positiv
- Lassen Sie dem Fehlverhalten natürliche Konsequenzen folgen, keine konstruierten, die nichts mit der ursprünglichen Verfehlung zu tun haben
- Bleiben Sie immer ruhig und freundlich
- Vermeiden Sie Drohungen
- Sie und Ihr Partner sind stets ein Vorbild
- Begründen Sie immer, warum Sie etwas von Ihrem Kind möchten
- Lassen Sie Ihrem Kind Entscheidungsfreiraum und mischen Sie sich nicht bei jeder Kleinigkeit ein
- Formulieren Sie stets positiv und in persönlicher Sprache
- Begreifen Sie Ihr Kind als eigenständige Persönlichkeit
- Geben Sie auch eigene Fehler zu und entschuldigen Sie sich gegebenenfalls

10 Sätze, die Ihr Kind NIEMALS hören sollte

Es gibt Sätze, die Sie als Eltern Ihren Kindern gegenüber niemals verwenden dürfen, da diese abwertend und entmutigend sind und gleichzeitig das Selbstbewusstsein Ihrer Kinder zerstören. Schnell ist ein solcher Satz über die Lippen gerutscht, ohne großartig darüber nachzudenken.

Auch wenn der Ausspruch nicht böse gemeint ist, sind Sie für Kinder wie eine verbale Ohrfeige, die diese oft das ganze Leben lang nicht vergessen können. Denken Sie immer daran, dass Worte eine mächtige Kraft haben. Ihr Nachwuchs kann noch nicht unterscheiden, ob der Ausspruch ernstgemeint ist oder nicht. Versuchen Sie bitte die folgenden Sätze bei der Kindererziehung zu vermeiden:

1. **Hör endlich auf zu weinen!** Es gibt immer einen Grund, wenn Kinder weinen. Versuchen Sie diesen herauszufinden. Das ist jetzt Ihre Aufgabe!
2. **Deine Geschwister haben das doch auch geschafft!** Auch wenn der Inhalt der Aussage richtig ist, sollten Sie diesen Satz aus Ihrem Sprachgebrauch streichen. Damit verletzen Sie Ihr Kind und bauen einen enormen Druck auf. Halten Sie sich vor Augen, das jedes Kind individuell ist und über eine andere Ausprägung von Fähigkeiten und Fertigkeiten verfügt.
3. **Ich habe noch nie ein so ungeschicktes, dummes Kind wie dich gesehen!** Solche Sätze sind abwertend und haben einen negativen Einfluss auf das kindliche Selbstbewusstsein. Wenn Sie enttäuscht und sauer sind, sollten Sie tief durchatmen und erst anschließend auf die Situation reagieren.
4. **Du kommst genau nach deiner Mutter/deinem Vater!** Wenn Sie damit positive Eigenschaften meinen, können Sie den Satz ruhig verwenden. Zielt die Äußerung auf negative Eigenschaften ab, ist dieser Satz tabu. Ihr Kind liebt Mama und Papa gleichermaßen und kann die Botschaft des Satzes mit seinem kindlichen Verstand noch nicht richtig einordnen.

5. **Ich habe dafür jetzt keine Zeit!** Ein Kind interpretiert keine Zeit zu haben damit, dass es Ihnen nicht wichtig ist. Damit Ihr Kind die Botschaft richtig aufnimmt, sollten Sie ihm freundlich erklären, warum jetzt dafür keine Zeit ist.
6. **Indianer kennen keinen Schmerz!** Dieser Spruch wird häufig bei kleinen Jungs verwenden und erzeugt eine ganz falsche Wahrnehmung. Den gleichen Effekt hat der Satz: „Indianer weinen nicht!" Doch, Indianer weinen auch und ja, es tut weh! Keinen Schmerz empfinden und nicht weinen zu dürfen, weil dieses angeblich für Jungen nicht schicklich ist, führt dazu, dass Gefühle unterdrückt werden.
7. **Du schaffst das sowieso nicht!** Wenn Ihr Kind vor einer neuen Aufgabe steht, sollten Sie es ermutigen und stärken. Helfen Sie im, indem Sie ihm zeigen, wie es die neue Herausforderung meistern kann.
8. **Du bist im Krankenhaus sicher vertauscht worden!** Im ersten Moment mag der Satz harmlos und lustig klingen. Kinder haben aber noch kein Gespür für die Ironie, die sich dahinter verbirgt. Seien Sie sich bewusst, dass dieser Ausspruch schlimmstenfalls große Ängste auslösen kann, die sich im Kind manifestieren.
9. **Das interessiert mich nicht!** Dieser Satz kommt einem Liebesentzug gleich. Ihr Kind bezieht den Satz nicht nur auf die Situation, sondern auf sich selbst. Hilflosigkeit macht sich in den kleinen Geschöpfen breit. Sie brauchen den Zuspruch, die Aufmerksamkeit und das Interesse von Ihnen, um sich zu entwickeln.
10. **Du bist schuld daran!** Bei Kindern ist das Schuldbewusstsein sehr stark ausgeprägt. Ein solcher Satz und ähnliche Formulierungen führen dazu, dass sich Ihr Kind schlecht fühlt. Seien Sie sehr vorsichtig mit solchen Bemerkungen!

Vermeiden Sie verbale Ohrfeigen und nutzen Sie lieber positiv formulierte Sätze. Negative Aussagen sind Gift für das Selbstbewusstsein, das Selbstvertrauen, das Selbstwertgefühl und die innere Stärke, die sich im Alter von zwei bis sechs Jahren gerade erst entwickeln und wo alles sich noch im Anfangsstadium befindet. Machen Sie sich stets Gedanken darüber, welche Worte Sie wählen, wie Sie mit Ihrem Kind sprechen und welches Signal Sie im damit senden.

Überlegen Sie einmal, ob Sie diese Sätze einem Freund, einer Freundin oder Ihrem Partner gegenüber verwenden würden. Sie selbst möchten sicherlich auch nicht so in Ihre Schranken gewiesen werden. Als Erwachsener können Sie mit solchen Äußerungen vielleicht sehr gut umgehen. Doch Kinder verstehen die Ironie nicht und glauben die Dinge, die diese Sätze ausdrücken.

Falls Ihnen doch einmal ein solcher Satz herausgerutscht ist, brauchen Sie nicht gleich in Panik zu verfallen. Solange es bei einem Einzelfall bleibt, verkraftet Ihr Kind die Verbalattacke im Allgemeinen ganz gut. Vergessen Sie bitte nicht, sich für die gesagten Worte bei Ihrem Kind zu entschuldigen und erklären Sie ihm, wodurch eine solche Äußerung zustande gekommen ist. Ihr Kind wird verstehen und begreifen.

Kindererziehung – Immer auf die jeweilige Situation abgestimmt

Die Erziehung von Kindern ist immer abhängig von der jeweiligen Situation. Es gibt dafür kein Handbuch und keine Gebrauchsanweisung, da jedes Kind anders und individuell ist. Verabschieden Sie sich in jeglicher Hinsicht von **Perfektionismus** und gestehen Sie sich ruhig Fehler zu. Es gibt keine Eltern auf dieser Welt, die alles richtig machen. Weder Sie noch Ihr Partner sind schlechte Menschen und nicht als Mutter und Vater ungeeignet, nur weil Sie z.B. manchmal härter reagieren, als es in der gegebenen Situation nötig wäre.

Sie sind der Wegbegleiter Ihrer Kinder und werden von ihnen bedingungslos geliebt. Sie schauen zu Ihnen auf und eignen sich Ihre Verhaltensweisen an. Darum ist es ganz wichtig, das eigene

Verhalten zu reflektieren. Sagen Sie zu Ihrem Kind ruhig *„Entschuldigung"*. Das zeigt Größe und vermittelt dem Nachwuchs, dass kein Mensch perfekt ist. Zeigen Sie auch, dass Sie ihm auf Augenhöhe begegnen und geben Sie Ihren Kindern Freiräume, um sich zu entfalten. Mit der richtigen Erziehung vermitteln Sie den Kleinen, das diese Fehler machen dürfen und trotzdem geliebt werden. Egal in welchem Alter Ihr Kind gerade ist, es wird immer Herausforderungen geben, vor die Sie als Eltern gestellt werden, ob Sie wollen oder nicht.

Seien Sie sich immer bewusst darüber, dass Ihr Kind voller neugieriger Fragen steckt. Die wichtigsten davon sind die folgenden drei:

- Wer bin ich?
- Was für ein Mensch bin ich?
- Wo stehe ich?

Jetzt ist Ihnen sicherlich auch klar, dass es einen sehr großen Unterschied macht, ob das Kind die Botschaft erhält, dass es großartig ist oder Sie ihm sagen *„Du bist dumm!"*. Solche Äußerungen, die mit *„Du bist..."* beginnen, haben eine große Wirkung auf den späteren Lebensweg der Kleinen.

Auch **Konflikte** gehören dazu und sollten nicht unter den Teppich gekehrt werden. Üben Sie konstruktive Kritik und zeigen Sie Ihrem Kind mit einfachen Regeln auf, wie es richtig geht. Zeigen Sie auch Ihren Missmut über bestimmte Verhaltensweisen. Wenn Sie sich ihm gegenüber nicht ehrlich verhalten, wird es das merken. Vorgespieltes glücklich sein führt dazu, dass Sie Ihr Kind verunsichern. Ein guter Ansatz ist, offen mit Ihrem Nachwuchs zu reden und Gefühle kindgerecht zum Ausdruck zu bringen. Anschließend zeigen Sie dann wie es richtigerweise laufen soll.

Wenn Sie ehrlich und offen mit Ihren Kindern im Alter von zwei bis sechs Jahren umgehen und liebevoll auf Fehler hinweisen, werden diese Sie auch verstehen. Verwenden Sie keine Sätze, die verletzend sind und das Kind klein machen. Ihre kleine, zarte Persönlichkeit kann solche Dinge noch nicht verkraften.

Machen Sie sich die Macht von **positiven Worten** bewusst. Sie bewirken so viel mehr bei der Erziehung von Ihrem Kind als wenn Sie schimpfen und wütend sind. Kindererziehung bedeutet immer auch Fingerspitzengefühl. Wenn Ihr Kind in Hörweite ist, sollten Sie niemals schlecht über es sprechen. Zeigen Sie Grenzen auf, die Kinder auch verstehen und bleiben Sie immer konsequent. Vergessen Sie nicht das kleine Wort *„NEIN"*. Es hat eine große Wirkung und zeigt Ihrem Kind, dass es gerade versucht eine Grenze zu überschreiten. Nutzen Sie es aber nur, wenn es wirklich nötigt ist. Ansonsten verliert es ganz massiv an Bedeutung.

Sätze, die Ihr Kind so oft wie möglich hö-ren sollte

- Ich bin sehr stolz auf dich.
- Für dich würde ich alles machen.
- Du bist der wichtigste Mensch in meinem Leben.
- Das hast du wirklich toll gemacht.
- Du kannst alles schaffen.
- Du bist etwas ganz Besonderes.
- Ich werde immer für dich da sein.
- Du bist ein wunderbares Kind.
- Du beeindruckst mich immer wieder.
- Ich glaube ganz fest an dich.

- Ich bin froh, dass es dich gibt.
- Du bist so hübsch / klug / schlau / stark / clever / sportlich / außergewöhnlich ...
- Vielen Dank, dass du mir hilfst.
- Du kannst mir immer alles erzählen.
- Ich liebe dich so wie du bist.
- Jeder macht Fehler, das ist okay.
- Probiere ruhig neue Dinge aus.
- Du bist ein tolles Vorbild.

Wenn Aufräumen im Kinderzimmer immer wieder für Streitigkeiten sorgt und die Kleinen bei der Aufforderung trotzig reagieren, sollten Sie nicht schimpfen. Geben Sie Hilfestellungen, wie es schneller und einfacher geht. Aufräumen mit Mama oder Papa gemeinsam macht nicht nur viel mehr Spaß, sondern es bleibt nachher auch mehr Zeit zum Kuscheln übrig. Das merken sich die Kleinen und es entsteht ein positiver Lerneffekt.

Kinder brauchen **Rituale**. Das gilt sowohl beim morgendlichen Aufstehen und genauso abends, wenn es schlafen geht. Versuchen Sie schon früh, gewisse **Routinen** kontinuierlich einzuhalten und nicht schleifen zu lassen. Morgenroutinen bereiten Ihrem Kind und Ihnen einen leichteren, stressfreieren Start in den Tag. Als Abendroutine kann z.B. das gemeinschaftliche Abendessen um eine bestimmte Uhrzeit genutzt werden. Bevor Ihr Kind ins Bett muss, führen Sie Zeit zum Kuscheln und Geschichten vorlesen ein. Kinder bewerten solche Dinge als positiv und freuen sich den ganzen Tag darauf.

Routinen, Rituale die Ihnen helfen den Alltag zu gestalten

- **Frühstück** - Ein gemeinsamer Start in den Tag mit einem abwechslungsreichen Frühstück, z.B. mit warmen Haferbrei und Obst.
- **Spielen** - Zeit in der sich Ihre Kinder alleine, oder mit den Eltern beschäftigen können.
- **Basteln** - Gemeinsames Basteln fördert die Kreativität, schafft Herausforderungen und bringt Erfolgserlebnisse.
- **Frische Luft** - Draußen an der frischen Luft gibt es immer etwas zu entdecken und zu erleben. Der Gang nach draußen ist jeden Tag Pflicht, egal bei welchem Wetter.
- **Abendritual** - Gutenachtgeschichten erzählen oder vorlesen, diese werden mit zunehmenden Alter länger und komplexer. Es ist nicht ungewöhnlich, dass Ihre Kinder manchmal wochenlang jeden Abend die gleiche Geschichte hören wollen.

Vergessen Sie bei Ihrer Kindererziehung nicht, dass diese kleinen Menschen auch schon von Ängsten gequält werden. Hat Ihr Nachwuchs gerade ein kleines Stück Selbständigkeit erlangt, stellt sich auch schon große Angst ein, dass Mama und Papa sie nicht mehr lieb haben könnten. Später kommt die Angst vor Strafe und die Versagensangst hinzu. Diese begründen sich auf den Forderungen und sozialen Regeln, die dem Kind im Laufe der Entwicklung begegnen.

Eine weitere Angst ist die **Kastrationsangst**. Ihr Kind weiß mittlerweile, dass es zeitliche und andere Grenzen gibt. Es begreift, dass es die Dinge, die es besitzt auch wieder verlieren kann. Genauso schlimm ist für Kinder die Angst vor Liebesentzug. Häufig tritt sie ein, wenn ein Geschwisterchen zur Welt kommt. Es verliert seine Alleinstellung bei Mama und Papa und fühlt sich zurückgesetzt, auch wenn das gar nicht so ist.

Die Palette von Ängsten ist riesig und erfordert, dass Sie gerade in solchen Situationen Ihrem Kind diese Ängste nehmen. Reden Sie mit ihm darüber und zeigen Sie, dass alles gar nicht so schlimm ist.

Kindererziehung ist ein wundervolles Abenteuer mit vielen Hürden und Hindernissen. Wenn Sie einmal nicht mehr ein noch aus wissen, besinnen Sie sich darauf, dass Kinder das Schönste auf der Welt sind. Sie bringen Sie zum Lachen, zum Weinen und bereiten Ihnen Sorgen. Sie haben es in der Hand, Ihr Kind zu fördern, zu fordern und zu unterstützen, sowie aus ihnen tolle Menschen zu machen.

Mit Trotzphasen und Wutausbrüchen richtig umgehen

Die 5 bekanntesten Mythen rund um Trotz und Wut

Die Trotzphasen und Wutausbrüche des Nachwuchses durchleben alle Eltern und werden dabei hart auf die Probe gestellt. Manchmal scheint das trotzige und wütende Verhalten Ihrer Kinder aus heiterem Himmel und völlig unerwartet einzutreten. Darum gibt es auch so viele Mythen, die sich um die Trotzphasen und Wutausbrüche ranken. In diesem Kapitel lernen Sie die fünf bekanntesten Mythen kennen und erfahren, wie viel tatsächlich dahinter steckt.

1. Mythos – Psychologisches Problem

Wut hat viele verschiedene Gesichter. Auf der einen Seite gibt es die Wut, die still und leise in Ihrem Kind kocht und kaum bis an die Oberfläche durchdringt. Sie macht sich kaum bemerkbar. Auf der anderen Seite erleben Sie heftige Wutausbrüche. Ihr Kind schmeißt mit Sachen um sich, schlägt, beißt und ist kaum noch zu bändigen. Wenn solche Wutausbrüche öfter vorkommen, neigen Eltern zu der Vermutung, dass ein psychologisches Problem die Ursache ist.

Wut beruht nicht immer auf einem psychologischen Problem. Das sagt Professor Alan Kazdin, der am *Yale Parenting Center* arbeitet. Vielmehr liegt die Ursache auch in der Vererbung. Zur kindlichen Entwicklungen gehören Wutausbrüche und Trotzphasen dazu und sind ganz normal.

Ein Grund für Wutausbrüche, Trotzreaktionen und Gewaltausbrüche können aber auch körperlich erfahrene Gewalt, gewaltverherrlichende Medien und alle Formen von praktizierter Gewalt sein, mit denen ein Kind konfrontiert wird.

2. Mythos – Wut ist nicht vorhersehbar

Wut und Frust entsteht, wenn Menschen aus der Bahn geworfen werden. Gemäß Douglas Fields, der das Buch *Why We Snap* geschrieben hat, gibt es dafür neun Gründe. Dazu gehören, die eigene Person, die Familie, das eigene Ansehen und unnötige Dinge.

Kinder haben nur einen großen Wunsch. Sie wollen Aufmerksamkeit! Es gibt für Eltern also einen ganz tollen Trick: Bleiben Sie aufmerksam! Sie wollen vielleicht nur eben die Arbeit zu Ende machen, beim Einkaufen das letzte Teil von der Liste suchen und bezahlen. Dabei vergessen Sie aber, dass Sie Ihr Kind dabei haben und ihm keine Beachtung schenken. Das macht Ihr Kind wütend. Es wird trotzig und fängt vielleicht an zu schreien. Diesem Wutausbruch hätten Sie mit etwas mehr Aufmerksamkeit entgegenwirken können.

3. Mythos – Wutausbrüche müssen bestraft werden

Wut führt zu einer heftigen Reaktion im Körper. Bei Ihrem Kind wird eine hohe Menge des Stresshormons Cortisol ausgeschüttet, bei Ihnen Adrenalin. Die Hormone führen dazu, dass falsche Entscheidungen getroffen werden, die Sie später bereuen werden. Indem Sie auf einen Wutausbruch Ihres Kindes mit Aggression reagieren, zeigen Sie den Kleinen, dass dies eine ganz normale Reaktion für das Lösen von Problemen ist und bringen den Nachwuchs auf einen falschen Weg.

Wut kann mit dem Meer verglichen werden. Bei Flut ist die Wut am größten, bei Ebbe ist sie wieder abgeklungen. In dieser ruhigen Phase sollten Sie auf Ihr Kind eingehen, nicht schimpfen, sondern nachfragen, warum es trotzig und wütend war. Sprechen Sie mit ihm über den Auslöser und zeigen Sie ihm mit kuscheln, dass Sie es trotzdem liebhaben.

4. Mythos – Aus Wut wird aggressives Verhalten

Natürlich gibt es aggressives Verhalten bei Wutausbrüchen. Die Kinder schlagen um sich, werfen mit Sachen und fangen an zu beißen und zu treten. Ihre Aufgabe besteht darin, dem Nachwuchs zu zeigen, dass es auch andere Möglichkeiten gibt, um Wut zum Ausdruck zu bringen. Ein wichtiger Punkt in der Kindererziehung ist, dass Sie dem Kind die Gelegenheit bieten, über die Wut zu sprechen.

5. Mythos – Kinder wachsen aus der Wut- und Trotzphase heraus

Manchmal treten Wutausbrüche und Trotzphasen nur über einen bestimmten Zeitraum auf. Diese Phase überwinden die Kleinen schnell, wenn sie die Möglichkeit haben, über die Wut zu sprechen oder sie anderweitig zu kompensieren.

Es gibt aber auch Kinder, bei denen sich die Wut- und Trotzphase nicht verbessert. Versuchen Sie, die Anzeichen für einen Wutausbruch frühzeitig zu erkennen und mit Ihrem Kind darüber zu sprechen. Manchmal verbirgt sich auch eine größere Sache dahinter, die nicht auf dem genetischen Faktor begründet ist. Wenn Sie sich bezüglich des Verhaltens Ihres Kindes nicht sicher sind, ist der Kinderarzt oder ein Kinderpsychologe der richtige Ansprechpartner.

Woher kommt Wut und Trotz bei Kindern?

Zorn, Wut und Trotz sind eine Reaktion auf ein Erlebnis, das bei Ihrem Kind Frust auslöst. Ihr Kind hat beispielsweise das Gefühl, dass es von Ihnen vernachlässigt wird. Es muss Dinge machen, auf die es eigentlich gar keine Lust hat. Solche Situationen und viele andere, wie z.B. Ablehnung, Bestrafung oder ein Verweis verursachen Wutausbrüche und Trotz.

Die 8 häufigsten Ursachen für Wutausbrüche und Trotz

1. Das Streben nach Autonomie – den eigenen kindlichen Willen durchsetzen
2. Überforderung – weil es überall der Beste sein muss
3. Bewegungsmangel – kein Platz zum ausgiebigen spielen und toben
4. Überflutung mit Reizen – zu viel Spielzeug, zu viel Fernsehen usw.
5. Fehlendes Selbstwertgefühl – da Sie Ihrem Kind nichts zutrauen
6. Verkehrte Rollenerwartungen – weil Ihr Kind nicht der Rolle entspricht, die Sie ihm zugedacht haben
7. Frust – weil Ihr Kind in Ihren Augen nichts richtig macht
8. Medien – diese präsentieren Ihren Kindern Vorbilder, denen sie kaum nacheifern können

10 wertvolle Erziehungstipps bei Trotzphasen und Wutausbrüchen

Auch wenn Trotzphasen und Wutausbrüche zur Entwicklung gehören, bringen sie Unruhe in das Familienleben, sorgen für Stress auf beiden Seiten und führen zu falschen Reaktionen. Mit diesen 10 Tipps fällt es Ihnen leichter, Wut, Trotz und Zorn von Ihrem Kind gelassener zu hinzunehmen:

Tipp 1 – Nehmen Sie den emotionalen Ausbruch Ihres Kindes nicht persönlich!

Ihr Kind will Sie nicht mit Trotzphasen und Wutausbrüche ärgern. Vielleicht fühlt es sich mit der momentanen Situation einfach nur überfordert. Da es diese Überforderung noch nicht verbal ausdrücken kann, greift es zu anderen Mitteln, um seiner Wut Ausdruck zu verleihen. Der Wutausbruch macht Ihrem Kind selbst Angst. Wenn Sie mit Aggression darauf reagieren und sich mitreißen lassen, verstärken Sie die negativen Gefühle Ihres Kindes.

Tipp 2 – Haben Sie Geduld und lassen Sie Ihrem Kind seine Freiheiten!

Ab einem gewissen Alter wollen Kinder viele Dinge alleine machen und sich selbst ausprobieren. Da passiert es schon einmal, dass ein Glas kaputtgeht und Wasser auf den Boden läuft. Das Kind muss und soll sich selbst, sowie seine Fähigkeiten auszuprobieren dürfen. Nur wer fleißig übt, wird später einmal Weltmeister! Wenn Sie Ihr Kind einschränken, beschädigen Sie das Selbstvertrauen, was sich gerade aufbaut. Dadurch entsteht Frust, den Ihr Kind in Wutanfällen zum Ausdruck bringt.

Tipp 3 – Überdenken Sie Regeln und Verbote neu!

Die Regeln und Verbote, die bisher gegolten haben, passen vielleicht nicht mehr zum Alter Ihres Kindes. Es ist ja nun kein Baby mehr und fühlt sich schon fast erwachsen. Versuchen Sie, so wenig wie möglich Regeln aufzustellen und Verbote auszusprechen. Das bedeutet nicht, dass Sie den Kleinen alles durchgehen lassen. Vielmehr sollte in Ihre neuen Regeln einfließen, was Ihnen wichtig ist. Haben Sie diese Punkte klar definiert, sorgen Sie für eine konsequente Einhaltung dieser grundsätzlichen Regeln.

Tipp 4 – Ermöglichen Sie Ihrem Kind Selbstbestimmung und Unabhängigkeit

Ihr Kind steckt mitten in der Entwicklungsphase, wo es Hilfestellung braucht und gleichzeitig sich abnabeln möchte. Es hat bereits einen eigenen Willen, den Sie ernst nehmen sollten. Damit haben Sie einen positiven Einfluss auf die kindliche Entwicklung. Ihr Nachwuchs lernt, dass es nicht erst wütend werden muss, um Gehör zu bekommen und etwas ausprobieren zu dürfen. Gleichzeitig erfährt es, dass nicht alle Dinge machbar sind und manchmal ein Kompromiss erforderlich ist. Trotz der Einhaltung der Grundregeln stärken Sie Ihr Kind und akzeptieren seine Wünsche und Vorstellungen.

Tipp 5 – Bleiben Sie in jeder Situation konsequent

Egal, ob sich Ihr Kind schreiend auf den Boden schmeißt oder die Wut in sich hineinfrisst. Wenn Sie *„Nein!"* gesagt haben, sollten Sie auch dabei bleiben und keinen Rückzieher machen, wenn es beispielsweise im Supermarkt zu einer solch peinlichen Situation kommt. Ihr Kind braucht eine klare Linie und muss wissen, dass es mit Geschrei und einem Wutausbruch seinen Willen nicht durchsetzen kann. Schließen Sie vorher mit Ihrem Kind einen Kompromiss, bevor die Situation eskaliert.

Tipp 6 – Verwenden Sie das Wort *„Nein!"*, wenn es nötig ist

Kinder haben oftmals verrückte, waghalsige Ideen, die sie unbedingt durchsetzen wollen. Sagen Sie ruhig *„Nein!"* und warten Sie den dadurch entstehenden Wutausbruch ab. Wenn dieser wieder abgeklungen ist, können Sie anschließend ein angemessenes, realistisches Angebot als Alternative unterbreiten.

Tipp 7 – Ablenkung ist ideal bei Wutanfällen

Gerade, wenn ein Wutausbruch und trotziges Verhalten in der Öffentlichkeit auftritt, gilt es schnell zu reagieren. Ein Versuch ist es auf jeden Fall wert, die Kleinen mit einem Szenenwechsel von der Ursache abzulenken. *„Schau mal, da vorne ist ein großer Laster, der von einem Bagger beladen wird"* oder *„Hast du Lust mit dem gläsernen Aufzug zu fahren?"*

Tipp 8 – Sprechen Sie keine Drohungen aus, die nichts bringen!

Wie Sie bereits wissen, verbreiten Sie mit leeren, unüberlegten Drohungen nur Angst und Schrecken. Ihr Kind ist in einer Phase, wo es sich selbst ausprobiert, eigenständig wird und Selbstvertrauen aufbaut. Mit solchen Drohungen beschädigen Sie sein Selbstvertrauen und schwächen das Selbstwertgefühl Ihres Kindes.

Tipp 9 – Gehen Sie niemals mit Gewalt gegen einen Wutausbruch vor!

Wenn ihr Kind schreit, schlägt und um sich tritt, sollten Sie Ihre eigene aufsteigende Wut schnell in den Griff bekommen. Einem Wutausbruch mit Gewalt zu begegnen ist keine Lösung und führt auch nicht dazu, dass es vernünftig wird. Vielmehr schaden Sie der kindlichen Entwicklung und verringern dessen Vertrauen in sich selbst. Ziehen Sie sich für einen Moment zurück, atmen Sie tief durch und zählen Sie bis drei. Anschließend gehen Sie zu Ihrem Kind und versuchen es zu beruhigen. Wenn die Wut abgeebbt ist, fragen Sie es, warum es so wütend geworden ist.

Tipp 10 – Sprechen Sie die Grundregeln Ihrer Erziehung auch mit Ihrem Partner, den Großeltern und Freunden ab!

Damit die Einhaltung der Grundregeln funktioniert, sollten alle Personen im direkten Umfeld Kenntnis davon haben. Es nützt nichts, wenn Sie als Eltern konsequent sind und die Großeltern immer wieder nachgeben. Ihr Kind nutzt eine solche Situation aus und versucht bei Ihnen immer stärker seinen eigenen Willen durchzusetzen.

Zusammenfassung: Die 10 wertvollen Erziehungstipps auf einen Blick

... zum Wiederholen und verinnerlichen

1. **Nehmen Sie den emotionalen Ausbruch Ihres Kindes nicht persönlich!**
2. **Haben Sie Geduld und lassen Sie ihrem Kind seine Freiheiten!**
3. **Überdenken Sie Regeln und Verbote neu!**
4. **Ermöglichen Sie Ihrem Kind Selbstbestimmung und Unabhängigkeit**
5. **Bleiben Sie in jeder Situation konsequent**
6. **Verwenden Sie das Wort *„Nein!"*, wenn es nötig ist**
7. **Ablenkung ist ideal bei Wutanfällen**
8. **Sprechen Sie keine Drohungen aus, die nichts**

bringen!

9. **Gehen Sie niemals mit Gewalt gegen einen Wutausbruch vor!**

10. **Sprechen Sie die Grundregeln Ihrer Erziehung auch mit Ihrem Partner, den Großeltern und Freunden ab!**

Vorlaute Kinder – Immer mitreden wollen und ständig dazwischen quatschen

Sie kennen die Situation, dass Sie kein ordentliches Gespräch am Telefon oder in der Öffentlichkeit führen können, ohne dass Ihr Kind sich in das Gespräch einmischt. Von anderen Menschen und im Kindergarten wird Ihr Kind als altklug und vorlaut bezeichnet.

In einem Alter von zwei Jahren, geht es bei Ihrem Kind immer noch um das „ICH". Erst zwischen drei und fünf Jahren begreifen die Kleinen, dass sie auch einmal warten müssen, bevor ihnen zugehört und auf ihren Wunsch eingegangen wird. Diese Entwicklung braucht seine Zeit.

Es gibt immer wieder Phasen, in denen Ihr Kind vorlaut ist. Wenn sie im Kindergarten mittlerweile zu den Großen gehören, versuchen sie mit Kraftausdrücken und einem frechen Mundwerk zu imponieren. Sie finden es toll so zu reden und zu schauen, wie weit sie damit bei den Eltern und im Kindergarten kommen. Bei anderen Kindern entsteht dann der Eindruck, dass durch die frechen Äußerungen ihre Kumpel oder Freundinnen im Kindergarten besonders mutig sind. Sie lachen darüber und bestärken so das kleine Großmaul damit weiterzumachen.

In verschiedenen Situationen kann das sehr nervenaufreibend und sogar peinlich sein. Im ersten Moment sollten Sie das Kind auf sein Fehlverhalten aufmerksam machen: *„Ich möchte mich noch zu Ende unterhalten!"* Zu einem späteren Zeitpunkt ist es wichtig, dass Sie mit Ihrem Sprössling über den Vorfall reden und ihm die Regeln erklären. Das Gleiche gilt für Erzieherinnen im Kindergarten, die dem Kind noch einmal die Regeln der Gruppe aufzeigen und den Sinn dieser erklären.

Es gibt auch nonverbale Möglichkeiten, mit denen Sie reagieren können. Versucht Ihr Kind das Gespräch durch dazwischen quatschen zu unterbrechen, nehmen Sie es an die Hand oder berühren Sie es an einer anderen Stelle. So hat der Nachwuchs das Gefühl, dass er wahrgenommen wird und bald sagen darf, was ihm auf dem Herzen liegt.

Erwarten Sie nicht zu viel Rücksichtnahme von den Kleinen. Wenn Sie ihnen sagen, dass Sie in einer halben Stunden mit ihnen reden können, werden sie das nicht verstehen. Gerade die Kleineren haben noch nicht das Zeitempfinden und können Zeiträume überhaupt noch nicht einschätzen. Sind die Kinder schon etwas älter und können vielleicht schon die Uhr lesen, sollten Sie sich aber unbedingt an die gemachten Zeitvorgaben halten.

Stören und ständiges dazwischen quatschen kann mitunter auch ein Zeichen von **fehlender Aufmerksamkeit** und Anerkennung sein. Schauen Sie doch einmal genauer hin, warum und in welchen Situationen Ihr Kind sich so verhält. Für ein freches und vorlautes Mundwerk gibt es manchmal verschiedene Auslöser. Darum müssen Sie als Eltern auch unterschiedlich darauf reagieren.

Stellen Sie sich die Frage, ob Ihr Kind quengelt, weil ihm langweilig ist oder braucht es gerade wirklich Ihre Hilfestellung. Ist den Kleinen gerade langweilig, geben Sie ein Spielzeug oder machen Sie einen spannenden Vorschlag für eine Beschäftigung.

Mitunter ist dazwischen reden, quengeln und Kraftausdrücke verwenden ein Signal dafür, dass Kinder ein Bedürfnis nach Anerkennung und Aufmerksamkeit haben. Bei der **Entwicklung der Persönlichkeit** testen Kinder verschiedene Verhaltensweisen aus und schlüpfen dabei in verschiedene Rollen. Es kann aber auch ein Defizit dahinterstecken, wie beispielsweise große Unsicherheit und mangelndes Selbstvertrauen.

Dass Kinder dazwischen reden, kann auch aus dem familiären Umfeld begründet sein. Ein kritischer Blick ist dementsprechend niemals verkehrt. Stellen Sie sich selbst die Frage, ob Sie andere immer ausreden lassen. Haben Sie die Angewohnheit belehrend zu reagieren, obwohl Ihr Sprössling Ihnen nur das tolle gemalte Bild zeigen möchte? Gehen Sie immer respektvoll mit den Familienmitgliedern um, auch in Streitsituationen? Oder verwenden Sie beim Autofahren selbst Kraftausdrücke und schimpfen wie ein Rohrspatz?

Sie als Eltern haben eine **Vorbildfunktion**, die in allen Lebensbereichen gilt. Darüber hinaus fördern Eltern sogar störende Verhaltensweise von Kindern. Indem Sie es unbewusst dafür belohnen, bestärken Sie den Nachwuchs. Versuchen Sie mit etwas pädagogischen Geschick und Verständnis das Verhalten Ihres Kindes in eine andere Bahn zu lenken. Gelingen wird Ihnen das, wenn Sie zeigen, dass Sie zuhören, besonders wenn sich an die Grundregeln gehalten wird. Loben Sie Ihr Kind und zeigen Sie ihm, dass es einen wichtigen Stellenwert in Ihrem Leben hat, aber nicht immer an erster Stelle stehen kann. Damit stärken Sie das Selbstbewusstsein und verhindern, dass es immer im Mittelpunkt stehen muss.

Im Kindergartenalter mag ein vorlautes Verhalten noch hingenommen werden. Gehen die Kleinen aber erst einmal in die Schule, kann das zu einem echten Problem werden. Es gibt Lehrer, die absolut kein Verständnis dafür haben und sich auch nicht die Zeit nehmen, einmal genauer hinzuschauen.

Ihr Kind muss lernen, nicht andauernd dazwischen zu reden und Rücksicht zu nehmen. Grundschullehrern wird beispielsweise ein Repertoire an Verhaltensweisen während des Studiums mit auf den Weg gegeben, mit denen Sie auf auffällige Kinder eingehen können. Dabei ist es aber extrem wichtig, dass das Verhalten als Störverhalten eingeschätzt wird. In einem Gespräch wird mit dem Kind zusammen über die Verhaltensregeln gesprochen und diese noch einmal genau erklärt.

Vorlaut ist aber nicht gleich vorlaut. Dahinter kann sich auch eine große Wissbegier und Begeisterung für ein neues Thema verbergen. Gehört Ihr Nachwuchs zu dieser Kategorie, müssen Sie klug und durchdacht damit umgehen. Bremsen Sie Ihr Kind nicht aus, sondern fördern Sie es in allen Bereichen. Damit bleibt die Freude am Lernen und an neuem Wissen stets bestehen.

ANHANG: Dokumentation - Meilensteine der Entwicklung Ihres Kindes

	Datum	Alter
1-jähriges Kind		
Hält Blickkontakt zu seinen Eltern		
Greift nach Dingen, legt sie in eine Schachtel und nimmt sie wieder heraus		
Zeigt mit dem Finger auf etwas		
Erster Versuch mit einem Stift		
Imitiert z.B. Tierlaute		
Spricht die ersten sinnvollen Worte		
Pinzettengriff (Daumen und Zeigefinger)		
Wirft Spielsachen mit Schwung weg		
Steht ein paar Sekunden lang frei		
Geht die ersten Schritte allein		
Befolgt einfache Aufforderungen		
Hält seinen Becher selbst beim Trinken		
Möchte alleine essen		
Hilft beim Ausziehen der Kleidung und Schuhe		
Liebkost sein Kuscheltier		
Interessiert sich für sein Spiegelbild		
Findet versteckten Gegenstand wieder		

	Datum	Alter
2-jähriges Kind		
Kann einen Deckel aufschrauben		
Setzt Quadrate, Dreiecke und Kreise richtig in eine Formbox ein		
Steckt drei verschieden große Becher ineinander		
Bittet um Hilfe, wenn es etwas nicht selbst kann		
Benennt die Körperteile einer Puppe		
Spricht erste Sätze mit 2 Worten		
Hält den Stift mit der Faust		
Malt eine Spirale		
Klettert auf Spielgeräte		
Geht auf Zehenspitzen		
Kickt den Ball mit dem Fuß		
Hilft bei kleineren Hausarbeiten		
Zieht sich die geöffnete Jacke aus		
Wird wütend, wenn Ihr *„Nein!"* sagt		
Nennt sich bei seinem eigenen Namen		
Spielt gerne mit anderen Kindern		
Sucht Trost, wenn es traurig ist		
Lächelt bei einer gelungenen Handlung		
Versorgt spontan sein Kuscheltier		

	Datum	Alter
3-jähriges Kind		
Sortiert Dinge nach Größe, Form oder Farbe		
Löst einfache Puzzles mit 4 bis 6 Teilen		
Bennent 2 Farben richtig		
Spricht Sätze mit 3 bis 5 Wörtern		
Fragt oft Warum? Wieso? Wie denn?		
Spricht mit seinem Kuscheltier		
Hält den Stift jetzt mit den Fingern		
Kann mit der Papierschere umgehen		
Baut einen Turm aus 8 Bauklötzern		
Rollt mit Knete eine Wurst		
Baut selbstständig eine Strecke für seine Holzeisenbahn		
Isst alleine mit Gabel und Löffel		
Reißt alleine Papier auseinander		
Fährt Dreirad indem es die Pedale nutzt		
Kann über ein Seil hüpfen		
Nutzt die „Ich-Form" um seine Wünsche zu äußern		
Zieht sich selbst die Schuhe an und aus		
Kennt den Unterschied zwischen Jungen und Mädchen		
Öffnet allein (große) Knöpfe		

	Datum	Alter
Liebt es, andere zum Lachen zu bringen		
Tröstet andere, wenn diese traurig sind		
Interessiert sich sehr für Bilderbücher		
4-jähriges Kind		
Kann mehrere Merkmale gleichzeitig betrachten, z.B. Größe, Farbe, Form		
Schafft ein 10-teiliges Puzzle		
Kann Quadrate identifizieren		
Kennt zu Adjektiven das Gegenteil		
Spricht komplexe Sätze mit 6-8 Wörtern		
Schneidet mit der Schere eine gerade Linie		
Hält den Stift mit 3 Fingern		
Kann die Finger einzeln bewegen		
Bastelt mit Knete einfache Figuren		
Fängt den Ball		
Geht rückwärts		
Springt über kleine Hindernisse		
Wäscht sich von sich aus die Hände		
Kleidet sich selbstständig an und aus		
Getraut sich zu anderen Kindern in der Nachbarschaft zu gehen		
Kann sich bis zu 10 Minuten alleine mit der gleichen Aufgabe beschäftigen		

	Datum	Alter
Erkennt sich selbst auf Babyfotos		
Kann 5 Minuten einer Geschichte aufmerksam zuhören		
Baut aus Lego Häuser, Autos, etc., die man auch als solche erkennt		
5-jähriges Kind		
Kann bis 10 zählen		
Kann sich bis zu 4 Dinge merken		
Baut eine Pyramide aus 6 Bauklötzern		
Kann einfache Verse auswendig lernen		
Hält den Stift zwischen Daumen und Zeigefinger		
Kann den eigenen Namen und einzelne Buchstaben schreiben		
Schneidet mit der Schere Wellen, Zick-Zack-Linien und Kreise aus		
Läuft auf Stelzen und mit Rollschuhen		
Fängt den Ball mit beiden Händen, auch aus 4 Metern Entfernung		
Balanciert geschickt auf einem schmalen Balken		
Kann seinen Gemütszustand benennen		
Beginnt eigene Handlungen zu planen		
Akzeptiert Spielregeln bei Gesellschaftsspielen		
Schafft Puzzle mit 20-60 Teilen		

	Datum	Alter
Trifft Absprachen		
Handelt bestimmt Rollen aus		
6-jähriges Kind		
Kennt alle Farben		
Versteht die Spielregeln		
Erzählt das Erlebte verständlich und geordnet		
Spricht Sätze mit bis zu 10 Wörtern		
Malt exakte Formen und gegenständliche Bilder		
Fährt Fahrrad ohne Stützräder		
Beherrscht den Hampelmann		
Kann auch seitlich über ein Hindernis hüpfen		
Besucht selbstständig Freunde		
Läuft alleine in den Kindergarten		
Geht mit Frustrationen gelassen um		
Kann sich in andere Kinder hineinfühlen		
Spricht über seine Bedürfnisse		
Spielt ausdauernd, bzw. bleibt längere Zeit über einer Aufgabe		

Schlusswort

Vielen Dank, dass Sie mein Buch gelesen haben. Jetzt wissen Sie alles, was zwischen dem zweiten und dem sechsten Lebensjahr Ihres Kindes wichtig ist. Die geistige und körperliche Entwicklung wurde beschrieben, wir sind darauf eingegangen, was wichtig ist um Ihr Kind in seiner sozialen und persönlichen Entwicklung zu unterstützen. Wir haben uns die unterschiedlichen Konzepte der Kindergärten angesehen und Sie haben erfahren, welche alternativen Methoden es für die Betreuung Ihres Nachwuchses gibt. Sie haben wertvolle Erziehungstipps erhalten und jetzt einen Leitfaden an die Hand bekommen, wie Sie mit Trotzphasen und Wutausbrüchen Ihres kleinen Sonnenscheins richtig umgehen.

Wenn Sie auf die Seite www.thehonestguide.de gehen und sich für meinen Newsletter anmelden, dann erhalten Sie mein kostenloses Download-Paket mit allen Checklisten, mit den wichtigsten Erziehungsregeln auf einen Blick und dem ausführlichen Anhang: Dokumentation - Meilensteine der Entwicklung Ihres Kindes zum selbst ausfüllen.

Wenn Ihnen das Buch gefallen hat, dann hinterlassen Sie doch bitte eine positive Bewertung. Und wenn nicht, dann freue ich mich, wenn Sie mir vor Abgabe der Abgabe Ihrer Bewertung eine Nachricht schreiben. So das wir gemeinsam über das Problem sprechen können und ich eventuell die fraglichen, oder fehlerhaften Stellen im Buch ändern kann.

Ich bin jetzt so tief mit dem Thema verbunden, dass ich unbedingt weiter schreiben möchte. Geplant sind noch weitere Bücher über die einzelnen Entwicklungsabschnitte unseres und alle anderen Kinder. Von der Schulzeit bis hin zur Pubertät gibt es noch sehr viele spannende Dinge zu erleben, die aufgeschrieben gehören. Auch über diese Neuerscheinungen werdet Ihr in unserem Newsletter informiert. Bis dahin, alles Gute! *Claudia und Jonas*

Adressen

Allgemein

www.familienplanung.de

www.familienhandbuch.de

www.kindergesundheit-info.de

www.familienportal.de

www.neurologen-und-psychiater-im-netz.org

Kindergärten

https://www.kita.de/

Geld und Beruf

www.bmfsfj.de

www.mittelstand-und-familie.de

Paarbeziehung

www.profamilia.de

Internetforen

www.eltern.de/foren

www.urbia.de/forum

http://www.elternforum.de

http://www.elternforen.com/

Bücher

Largo, H. Remo: *Babyjahre: Entwicklung und Erziehung in den ersten vier Jahren,* ISBN 978-3492306843

Largo, H. Remo: *Kinderjahre: Die Individualität des Kindes als erzieherische Herausforderung,* ISBN 978-3492232180

Hetty van de Rijt: *Oje, ich wachse! Von den acht "Sprüngen" in der mentalen Entwicklung Ihres Kindes während der ersten 14 Monate und wie Sie damit umgehen können,* ISBN 978-3442161447

Susanne Mierau: *Ich! Will! Aber! Nicht!: Die Trotzphase verstehen und gelassen meistern,* ISBN 978-3833860218

Jeannine Mik und Sandra Teml-Jetter: *Mama, nicht schreien!: Liebevoll bleiben bei Stress, Wut und starken Gefühlen. - Mit zahlreichen Übungen und Notfallhilfe,* ISBN 978-3466311132

Nicola Schmidt*:* *artgerecht - Das andere Kleinkinderbuch: Gefühle liebevoll begleiten - Entwicklungsschritte verstehen - Mit Kindern wachsen. Von 2 bis 6 Jahren,* ISBN 978-3466310968

Nicola Schmidt: *Geschwister als Team: Ideen für eine starke Familie. Ein artgerecht-Buch,* ISBN 978-3466311040

Danielle Graf, Katja Seide: *Das gewünschteste Wunschkind aller Zeiten treibt mich in den Wahnsinn: Der entspannte Weg durch Trotzphasen,* ISBN 978-3407864222

Jesper Juul: *Dein kompetentes Kind: Auf dem Weg zu einer neuen Wertgrundlage für die ganze Familie,* ISBN 978-3499625336

Jesper Juul: *Grenzen, Nähe, Respekt: Auf dem Weg zur kompetenten Eltern-Kind-Beziehung,* ISBN 978-3499625343

Links

https://www.windeln.de/magazin/kleinkind/entwicklung/kleinkind-entwicklung-2-lebensjahr.html

https://www.windeln.de/magazin/kleinkind/entwicklung/kleinkind-entwicklung-3-lebensjahr.html

https://www.windeln.de/magazin/kleinkind/entwicklung/kleinkind-entwicklung-4-lebensjahr.html

https://www.windeln.de/magazin/kleinkind/entwicklung/kleinkind-entwicklung-5-lebensjahr.html

https://www.t-online.de/leben/familie/kleinkind/id_42509742/hirnforschung-entwicklungsschritte-des-gehirns-beim-kleinkind.html

https://www.meingeliebteskind.com/von-erziehung-zu-wahrhaftiger-begegnung/wenn-dann-und-die-frage-wie-man-es-ohne-erpressung-schaffen-kann/

https://www.babycenter.de/a9736/ihr-kleinkind-verstehen

https://www.babycenter.de/a27883/wie-sich-der-körper-ihres-kindes-verändert

https://www.bkk-mobil-oil.de/kinderwelt/kinder-in-bewegung/motorikentwicklung.html

http://www.paradisi.de/Health_und_Ernaehrung/Mutter_und_Kind/Kinderentwicklung/Artikel/19237.php

https://www.kindergesundheit-info.de/themen/entwicklung/entwicklungsschritte/sexualentwicklung/

https://www.familienservice.de/-/sexualitat-in-den-ersten-lebensjahren-pme-familienservice-blog

https://www.familie.de/kind/kindergarten-konzept-montessori-kinderhaus-511715.html

https://www.familie.de/eltern/zehn-saetze-die-sie-nie-zu-ihrem-kind-sagen-sollten-1152666.html

https://www.familienhandbuch.de/babys-kinder/bildungsbereiche/soziale/WennKInderwuetendwerden.php

https://www.maximalplanet.com/kindliche-wutausbrüche/

https://www.elternwissen.com/erziehung-entwicklung/erziehung-tipps/art/tipp/warum-ihr-kind-staendig-dazwischenredet-und-stoert.html

https://www.hallo-eltern.de/kind/gute-nacht-rituale/

https://www.hallo-eltern.de/kind/angstformen/

https://www.stiftungnetz.ch/entwicklung-des-kindes/

https://www.wunderweib.de/10-schlechte-gewohnheiten-von-kindern-die-wirklichkeit-gut-sind-100935.html

https://www.elternkompass.de/6-tipps-mit-denen-sie-ihr-kind-beim-laufen-lernen-unterstuetzen/

https://www.haushaltstipps.net/kinderbetreuung-6-moeglichkeiten-im-ueberblick/

https://www.wunderweib.de/20-saetze-die-man-seinem-kind-auf-jeden-fall-sagen-sollte-12564.html

https://www.traeumeland.com/DE/stories/familienalltag-rituale-kinder

https://www.t-online.de/leben/familie/erziehung/id_42200644/so-vermitteln-eltern-die-richtigen-werte.html

Jonas Weidner

Vater werden für Anfänger

Alles was du über Kinderwunsch, Schwangerschaft, Geburt und Baby wissen musst

Wie du als Papa deine Tochter, Sohn, Familie, Beruf und Karriere in Einklang bringst

Mit der richtigen Einstellung zur intakten Beziehung und erfüllten Sexualleben trotz Kind

The Honest Guide, 126 Seiten

ISBN 978-1070417509

Rechtliches

Impressum

Claudia & Jonas Weidner werden vertreten durch:

Ronny Quaas

Leipziger Straße 72

08056 Zwickau

E-Mail: info@thehonestguide.de

Web: www.thehonestguide.de

Coverbilder

Lauria | Fiverr

Haftung für externe Links / Haftungsausschluss

Das Buch enthält Links zu externen Webseiten Dritter, auf deren Inhalt der Autor keinen Einfluss hat. Deshalb kann für die Inhalte externer Inhalte keine Gewähr übernommen werden. Für die Inhalte der verlinkten Webseiten ist der jeweilige Anbieter oder Betreiber der Webseite verantwortlich. Die verlinkten Seiten wurden zum Zeitpunkt der Verlinkung auf mögliche Rechtsverstöße überprüft. Rechtswidrige Inhalte waren zum Zeitpunkt der Verlinkung nicht erkennbar. Eine permanente inhaltliche Kontrolle der verlinkten Webseiten ist jedoch ohne konkrete Anhaltspunkte einer Rechtsverletzung nicht zumutbar. Bei Bekanntwerden von Rechtsverletzungen werden derartige Links umgehend entfernt.

Die Benutzung dieses Buches und die Umsetzung der darin enthaltenen Informationen erfolgt ausdrücklich auf eigenes Risiko. Der Verlag und auch der Autor können für etwaige Unfälle und Schäden jeder Art, die sich beim Besuch der in diesem Buch aufgeführten Orte ergeben (z.B. aufgrund fehlender Sicherheitshinweise), aus keinem Rechtsgrund eine Haftung übernehmen. Haftungsansprüche gegen den Verlag und den Autor für Schäden materieller oder ideeller Art, die durch die Nutzung oder Nichtnutzung der Informationen bzw. durch die Nutzung fehlerhafter und/oder unvollständiger Informationen verursacht wurden, sind grundsätzlich ausgeschlossen. Rechts- und Schadenersatzansprüche sind daher ausgeschlossen. Das Werk inklusive aller Inhalte wurde unter größter Sorgfalt erarbeitet. Der Verlag und der Autor übernimmt jedoch keine Gewähr für die Aktualität, Korrektheit, Vollständigkeit und Qualität der bereitgestellten Informationen. Druckfehler und Falschinformationen können nicht vollständig ausgeschlossen werden. Der Verlag und auch der Autor übernehmen keine Haftung für die Aktualität, Richtigkeit und Vollständigkeit der Inhalte des Buches, ebenso nicht für Druckfehler. Es kann keine juristische Verantwortung sowie Haftung in irgendeiner Form für fehlerhafte Angaben und daraus entstandenen Folgen vom Verlag bzw. Autor übernommen werden. Für die Inhalte von den in diesem Buch abgedruckten Internetseiten sind ausschließlich die Betreiber der jeweiligen Internetseiten verantwortlich. Der Verlag und der Autor haben keinen Einfluss auf Gestaltung und Inhalte fremder Internetseiten. Verlag und Autor distanzieren sich daher von allen fremden Inhalten. Zum Zeitpunkt der Verwendung waren keinerlei illegalen Inhalte auf den Webseiten vorhanden.

Notizen

Printed in Poland
by Amazon Fulfillment
Poland Sp. z o.o., Wrocław

57655484R00058